土地管理论丛

粮食主产区农地整理项目农民参与机制研究

杨钢桥　著

国家社会科学基金年度项目（12BGL078）
中央高校基本科研业务费专项资金项目（2662015PY127）　资助出版
华中农业大学公共管理学院学科建设经费

科学出版社

北　京

内 容 简 介

本书是在深入开展农地整治项目区典型调查、农户问卷调查、村干部和基层国土管理人员座谈的基础上,以计划行为理论、需求层次理论、利益相关者理论、博弈论、交易费用理论等为指导,对中国农地整理农民参与的现状与特征、农民参与行为的内在机理、农民权益表达机制、农民利益损失补偿机制、农民参与评价机制、农民参与施工监督机制、后期管护农民出资机制等,进行系统深入地分析,最后提出相应的政策建议。本书贯彻"现实问题—理论解析—有效途径"的研究思路,突出农地整理农民参与行为研究的理论性、系统性、动态性和实用性,可为提升农地整理项目质量、促进农地整理事业可持续发展、促进乡村振兴提供决策参考。

本书可供土地资源管理、工程管理、城乡规划、乡村地理、行政管理等相关专业的本科生、研究生阅读,也可供相关领域的技术与管理人员参考。

图书在版编目(CIP)数据

粮食主产区农地整理项目农民参与机制研究 / 杨钢桥著. —北京:科学出版社,2018.10

(土地管理论丛)

ISBN 978-7-03-059156-2

Ⅰ. ①粮⋯ Ⅱ. ①杨⋯ Ⅲ. ①粮食产区-土地整理-参与管理-研究-中国 Ⅳ. ①F326.11

中国版本图书馆 CIP 数据核字(2018)第 241250 号

责任编辑:杨光华 / 责任校对:董艳辉
责任印制:彭 超 / 封面设计:苏 波

科 学 出 版 社 出版
北京东黄城根北街 16 号
邮政编码:100717
http://www.sciencep.com
武汉首壹印务有限公司 印刷
科学出版社发行 各地新华书店经销
*
开本:787×1092 1/16
2018 年 10 月第 一 版 印张:11
2018 年 10 月第一次印刷 字数:258 000
定价:88.00 元
(如有印装质量问题,我社负责调换)

"土地管理论丛" 总序

　　土地既是重要的自然资源，又是不可替代的生产要素，在国民经济和社会发展中具有重要的作用。土地资源管理在推进工业化、农业现代化、新型城镇化、信息化和生态文明建设中的地位日益突出。土地资源管理作为管理学、经济学、法学、信息科学、自然资源学等交叉学科，成为管理学中不可替代的重要学科。

　　华中农业大学土地资源管理学科创办于1961年。1961年在两位留苏专家韩桐魁教授、陆红生教授的努力下创立了中国大陆第二个土地资源管理本科专业（前称为：土地规划与利用）；1981年韩桐魁教授、高尚德教授、陈若凝教授、陆红生教授等在全国率先恢复土地规划与利用专业；1987年获得全国第一个土地资源管理硕士点（前称为：农业资源经济与土地规划利用）；2003年获得全国第三批土地资源管理博士点；2012年获批公共管理博士后流动站。历经五十余年，在几代土管人的努力下，华中农业大学已经成为中国大陆土地资源管理本科、硕士、博士、博士后教育体系齐全的人才培养重要基地。

　　华中农业大学于1960年建立土地规划系（与农业经济系合署办公），1996年成立土地管理学院（与农经学院合署办公），2013年土地管理学院从经济管理学院独立出来与高等教育研究所组成新的土地管理学院和公共管理学院。经过近六十年的积累，已经形成了土地资源经济与管理、土地利用规划和土地信息与地籍管理三个稳定的研究方向。近年来主持了国家自然科学基金项目27项，国家社会科学基金项目10项，教育部哲学社会科学重大课题攻关项目、博士点项目、中国博士后科学基金项目21项。

　　华中农业大学土地资源管理学科在兄弟学校同行的大力支持下，经过学院前辈的不懈努力，现在已经成为中国有影响的、重要的土地资源管理人才培养、科学研究基地。《资源节约型与环境友好型社会建设土地政策研究》《粮食主产区农地整理项目农民参与机制研究》《农村土地流转交易机制与制度研究》《城市土地低碳集约利用评价及调控研究》《城乡统筹背景下建设用地优化配置的动力、绩效与配套机制研究》《基于生产力总量平衡的耕地区域布局优化及其补偿机制研究》《基于微观群体视角的农田生态补偿机制——以武汉城市圈为实证》《大都市郊区农村居民点用地转型与功能演变研究》为近年我院土地资源管理教师承担的国家自然科学基金、国家社会科学基金项目的部分研究成果，组成"土地管理论丛"。

　　"土地管理论丛"的出版，一来是对过去我们在三个研究方向所取得成果的阶段性总结；二来用以求教、答谢多年来关心、支持华中农业大学土地资源管理学科发展的领导、国内同行和广大读者。

张安录
2017 年 6 月 6 日

前　言

农地整理是促进城乡统筹发展的重要途径,对提高耕地质量、增加耕地面积、保障国家粮食安全与生态安全、推进现代农业发展和产业融合发展等具有重要作用。近年来,农地整理取得了显著成效,但仍然存在"项目立项较随意、规划设计方案不合理、工程建设质量不理想、农民不满意"等问题,已经影响农地整理作用的充分发挥,其主要原因就是缺乏完善的农民参与机制。因此,深入研究农地整理过程中农民参与机制,对提升农地整理项目质量、促进农村产业发展和生态环境建设、化解农地整理过程中的利益矛盾、维护农民合法权益和农村社区的和谐稳定,实现农业和农村现代化具有十分重要的意义。

本书利用湖北、湖南、河南、广西 4 个省(自治区)共 2678 份农户问卷调查数据,基于农户视角,首先对农民参与农地整理的现状与特征进行分析;其次运用计划行为理论及结构方程模型对农地整理项目农民参与行为的内在机理进行研究,揭示农民参与行为的影响因素,构建农地整理农民参与机制的总体框架;再次从农民权益表达机制、农民利益补偿机制、农民参与评价机制、农民参与监督机制、后期管护农民出资机制五个方面,采用条件价值评估方法、参与式农村评估方法、博弈论和交易费用方法、回归模型方法等,对农地整理项目农民参与机制进行理论和实证分析;最后提出促进农民积极有效参与农地整理,以提升农地整理项目质量、推进农地整理事业可持续发展的政策建议。本书主要研究结论如下。

(1)目前农民参与农地整理的动机具有多重性,但仍然以经济动机为主;农民参与意愿整体上比较高,但是目前农民参与程度比较低;在参与过本村整理项目的农民中,参与主要集中在规划设计阶段,项目施工建设阶段参与的比较多,项目申报立项阶段和建后管护阶段参与的比较少,很少全程参与;农民参与比较主动,但大多数情形下农民参与是没有报酬的;农民参与的方式比较单一,绝大部分农民参与的方式是向有关部门和单位提出意见或建议, 投工投劳和参与施工监督的方式比较少。

（2）农民参与农地整理的行为, 既具有经济性, 又具有社会性, 受很多因素的影响。行为态度、主观规范、行为控制知觉对行为意向产生显著影响; 行为控制知觉对行为态度产生显著影响, 主观规范对行为控制知觉产生显著影响; 规范信念和控制信念对参与行为意向具有显著的影响, 顺从动机和感知强度对行为意向产生显著影响, 行为信念与结果评估对行为意向无显著影响。现阶段, 农地整理项目农民参与机制, 应以畅通农民权益表达、提高农民参与程度、提高农民参与决策水平为运行目标。目前, 急需建立以农民权益表达机制、农民利益补偿机制、农民评价机制、农民监督机制、农民出资机制为主要内容的农民参与机制。

（3）深入了解农地整理过程中农民权益诉求, 是合理构建农民权益表达机制的基础。各类型农户对经济权益诉求强度最高, 随后依次是对政治权益、社会文化权益、生态环境权益的诉求强度; 从纯农户到兼业农户 I 再到兼业农户 II 最后到非农户, 对经济权益诉求强度逐渐降低, 对政治权益、社会文化权益、生态环境权益的诉求强度逐渐上升。农民权益表达机制包括权益表达的主体、客体和渠道三方面内容。在未来的农地整理中, 农民权益表达机制的总体架构为: 权益表达主体以农民组织为主, 权益表达客体以乡镇政府及其管理部门为主, 权益表达渠道以村民委员会为主。

（4）对农地整理过程中利益受损农民进行一定的补偿是合理可行的。目前农地整理过程中农民利益受损主要包括耕地被占、青苗损失、质量下降和田块分割。利益受损农民都希望获得相应的补偿, 虽然受损类型存在差异, 农民期望的受偿方式也不同, 但货币补偿仍然是目前农民最希望的受偿方式, 其次是实物补偿方式。对于不同的受损类型, 农民期望的受偿额也不同。绝大部分农民认为自己在农地整理中受益, 绝大部分农民愿意为农地整理支付一定的费用; 在愿意支付的农民中, 大多数倾向于义务投工, 少数表示愿意出钱代替投工。农地整理中农民利益受损的补偿资金来源主要包括: 项目区内受益农民的愿意支付额度, 政府农地整理财政资金, 以新增耕地交易性收益和新增耕地生产性收益为主的项目增值收益, 以农业龙头企业和农民专业合作社为投资主体的各类社会资金。

（5）建立农地整理农民评价机制, 对激发农民参与热情、保障农民权益具有重要意义。目前的农地整理项目评价, 实质上是政府组织、专家主导的评价, 没有充分考虑和发挥农民的作用, 不利于提高项目建设质量, 这是目前农民参与农地整理项目不积极、参与程度不高的主要原因之一。为了克服现行评价制度的不足, 就应构建农民主导的项目评价机制。在重构农民主导的项目评价机制时, 为了减少实施阻力, 便于操作, 应在原有的评价程序中, 增设农民主导评价的前置流程与后置流程, 以提升农民组织在各项评价中的决策权; 应构建农民主导在各个阶段的评价指标体系, 选择科学、实用、便于操作的评价方法, 为从农民视角进行各项评价奠定基础。

（6）现行农地整理项目施工监理制度, 是一种专业监理和政府监督相结合的制度, 基本上将农民排除在监督之外, 政府很难对具有信息优势的施工企业和监理公司进行有效的监督, 从而导致施工企业违规施工和监理公司监督不力的现象泛滥, 两者很容易形成"合谋"。农民参与施工监督, 能大大提高施工企业和监理公司违规被发现的概率, 防止其形成"合谋", 进而提升工程施工质量; 农民参与农地整理项目施工监督, 可以降低交易费用, 提高监督效率; 农民以组织化的形式, 特别是自发成立的农民组织, 参与农地整理项目施工监督, 能大大降低交易费用，监督效率更高。

（7）让农民承担一定的管护费用，并建立多元化的管护资金供给渠道，是解决管护资金短缺的重要途径。明细农地整理后期管护内容，是预算农地整理后期管护资金的基础。农地整理后期管护内容主要包括工程设施管护和纠纷调处两个方面。农民承担部分管护费用是合理可行的。后期管护出资，必须考虑农户的承受能力。明确相关利益主体的出资范围与比例，是解决管护资金缺乏的关键。一般而言，田面与田埂工程、小型农田水利工程、生产路和农田防护林等工程的管护资金，由农民出资投劳解决；宣传费用、意见征询费用、日常巡检费用、管护工资等，由村委会或农业协会解决；其他管护费用，可以由政府承担。

本书的创新点主要包括：第一，从经济、政治、社会文化、生态环境四个方面，构建农地整理过程中农民权益诉求的衡量指标体系，测算出农地整理过程中不同类型农户的权益诉求强度，并揭示农地整理过程中不同类型农户权益诉求的相同点及差异性；第二，采用条件价值法，分析农地整理工程建设过程中农民对不同利益受损类型的受偿方式和受偿标准的意愿，测算农地整理项目实施中受益农民的支付意愿，并对农地整理中农民利益受损的补偿资金来源进行分析；第三，从农民视角，对过程和结果两个维度，构建农地整理项目申报立项、规划设计、施工建设、后期管护四个阶段的评价指标体系，为从农民视角开展项目评价提供理论依据和具体方法；第四，依据博弈论，构建现行农地整理项目施工监理制度和农民参与农地整理项目施工监督制度下的监督博弈模型，从理论上解释农民参与施工监督提升工程质量的原因，并运用交易费用理论，对上述两种制度下的交易费用进行分析比较，得出农民参与项目施工监督能够提升监督效率的结论；第五，从后期管护的内容与具体措施入手，借鉴农地整理项目投资预算的思路，构建后期管护资金预算编制方法，并采用条件价值评估法，对后期管护农民的支付意愿和支付能力进行分析，最后提出相关利益主体在后期管护中的具体出资方案。

本书还存在以下几方面的不足，有待今后做进一步的研究。第一，本书着重分析农民权益诉求与表达机制、农民利益损失补偿机制，并没有对农地整理的增值收益分配问题进行深入的探讨。第二，中共十八大以来，农地整理项目实施模式不断创新，各地出现一些非常成功的、"自下而上"、农民及新型经营主体主导的农地整理项目实施新模式；但本书主要针对目前数量最多、"自上而下"、政府主导的农地整理模式中的农民参与问题进行分析，对新近出现的农地整理新模式中的农民参与问题关注不够。

本书是国家社会科学基金年度项目"粮食主产区农地整理项目农户参与机制研究"（12BGL078）和中央高校基本科研业务费专项资金项目"农村土地整治的绩效、机制与模式"（2662015PY127）研究成果的核心内容，是在对课题研究成员的学位论文和公开发表的学术论文进行归纳总结的基础上修正而成的。参与本书有关工作的人员如下：第1章主要参与者有杨钢桥、吴九兴、吴诗嫚和田甜，第2～3章主要参与者有吴九兴和杨钢桥，第4章主要参与者有谢雪群、马广超和杨钢桥，第5章主要参与者有吴九兴、文高辉和杨钢桥，第6章主要参与者有赵微、李文静、李金玉、文高辉和杨钢桥，第7章主要参与者有崔鲁宁、吴诗嫚和杨钢桥，第8章主要参与者有张海鑫、吴诗嫚、文高辉和杨钢桥，第9章主要由杨钢桥完成，参与课题数据资料收集和研究工作的还有曾艳、龚晓晨、胡珍、李岩、汪萍、周慧等，全书由杨钢桥总纂定稿。

　　本书调研区域涉及湖北、湖南、河南、广西 4 个省（自治区）20 多个县（市、区），在此感谢调研区域国土资源管理部门的领导和专家所给予的大力支持和帮助；感谢在论文评审过程中专家所提出的宝贵意见。

　　由于作者水平有限，书中疏漏之处在所难免，恳请读者批评指正。

杨钢桥

2018.6.22

目　　录

第 1 章 绪 论

1.1 概 述

所谓农地整治,是指采取工程及生物措施对一定区域内的农田、水系、道路、林草、村庄进行综合整治,以提升农田质量等级、增加有效耕地面积、提高农地利用效率、优化农村用地结构与布局、改善农村生态环境的活动。它包括农地整理、农地复垦和农地开发三个方面。以农地整治为平台,推进美丽乡村建设、城乡协调发展、农村产业融合发展,为农地整治赋予了新的内涵。目前,农地整治已从着眼于传统农业发展向服务于现代农业发展转变,从单纯改变农业生产条件向综合改变农村生产生活方式转变,从政府主导转向新型农业经营主体主导转变。

进入 21 世纪以来,中国农地整治取得了巨大成就,在提升耕地质量、增加耕地面积、促进现代农业发展、推动农村产业融合发展等方面起到了重要作用。但农地整治仍然存在一些问题。例如,一些地方有关部门在项目立项决策阶段,没有充分考虑辖区内农民对土地整治项目需求的紧迫性,致使那些迫切需要整治的区域未能得到整治;在项目规划设计阶段,一些规划设计人员未能深入整治区域进行全面细致的调查研究,致使项目规划设计方案与当地实际不相符合;一些施工单位不按项目规划设计方案进行施工建设,偷工减料,重视路边工程、轻视偏远工程等现象较为普遍,导致项目工程建设质量低下;重项目工程建设、轻项目建后管护的现象更为普遍,绝大部分整治项目后期管护滞后或缺失,已经影响农地整治工程设施的使用寿命和功能发挥。很多学者对此进行了研究,普遍认为,上述问题出现的根源是现行的农地整治农民参与机制不够完善,作为农地整治项目最终受益者的农民没有充分有效地参与农地整治项目(吴九兴 等,2013a,2013b,2013c;王文玲 等,2011;樊闽,2006;薛继斌 等,2004)。虽然学术界已经认识到,建立健全农民参与机制的重要性,但对农民参与机制具体包括哪些内容、现阶段如何建立农民参与机制等方面的问题,尚未给出令人满意的答案。

农地整治实质上是一个资源配置和利益分配的过程，相关利益主体在利益的驱使下都会参与到农地整治过程中。随着农村经济社会的逐步发展和农地整治事业的不断发展，新的利益主体不断出现，呈现利益主体多元化、利益诉求多样化、利益差别扩大化的趋势。在农地整治过程中涉及的利益主体主要包括农民、村民委员会（简称村委会）、农业生产协会、中介服务机构、地方政府及其部门，这些利益主体在农地整治过程中互相博弈，以争取自身利益或社会利益最大化。这些利益矛盾如果未能得到很好的解决，就会影响农地整治项目实施和工程质量，进而影响到农村社会和谐。实践表明，农民积极、有效地参与农地整治项目，是解决农地整治项目实施过程中利益矛盾的关键。

因此，本书对农地整理农民参与机制进行系统深入研究，揭示农地整理农民参与行为的内在机理，构建完善的农地整理农民参与机制，对丰富和发展土地整治项目管理理论和农村社区治理理论，提升农地整理项目质量、促进农村产业发展和生态环境建设、化解农地整理过程中的利益矛盾、维护农民合法权益和农村社区的和谐稳定、实现农业和农村现代化具有十分重要的意义。

1.2 国内外研究进展

1.2.1 公众参与的研究进展

1. 公众参与内涵

何谓公众参与？学术界目前尚未形成统一的观点。在现有文献中与公众参与相近的概念较多，如公民参与、公共参与、利益相关者参与、人民参与、公众介入等。虽然这些概念的出发点和侧重点不同，在内涵与外延上也有些差别，但其本质是一样的。

国外有关公众参与的概念主要有以下几类：Chambers（1993）认为市民参与实质是政府权力的下放，这种权力的重新分配可以使之前被排除在决策过程之外的普通公众参与到政治及经济发展中；Oakley（1991）指出参与是社区居民通过建立代表自身利益的民间组织来表达他们的利益诉求，参与项目计划的制定、实施及评估过程，这些行为是社区居民自发形成的，其实质是居民基于生产资源可利用的前提下，通过自己对项目发展的劳动介入来实现项目的可持续发展。The World Bank（1996）认为参与是一个过程，通过这一过程，利益相关者对他们的发展主动权、决策和资源进行影响和分享控制。

国内有关公众参与的概念主要有以下几类：叶敬忠等（2001）通过深入剖析众多学者对公众参与的定义，总结提炼出"参与"的主要内涵是在决策及选择过程中的介入、贡献与努力、承诺与能力、乡土知识与创新、对资源的利用与控制、能力建设、利益分享、自我组织等方面；张大华（2003）指出公众参与是人们通过合作与平等协商来自主达成某些协议，在履行协议的基础上贡献自己的知识、劳动等资源来获得一定的利益；李图强（2004）从微观视角对公众参与进行了更细致的定义，认为公众参与是公民在合法性前提下，根据自身能力和知识，在对参与公共项目的成本与收益，以及对参与可能产生的影响进行预先判断后，理性地选择最优的参与途径与方法，以求实现公共利益及公民权利等行为目标；俞可平（2008）认为，公众参与就是公民试图影响公共政策和公共生活的一切渠道；孙一茗（2012）认为，公众参与是指公民试图影响公共政策的一切活动总和，它包括三个基本要素，一是公民参与主体，即个体公民和由个体公民所组成的民间团体，二是公民参与的领域，即社会中的一切合法的公共领域，三是参与渠道，即公民通过社会上的何种渠道来影响公共政策。

2. 公众参与重要性

公众参与在公共项目建设、公共政策制定、社会治理等方面，发挥着重要作用。在民主社会中公民积极参与可以使政府部门制定的公共政策更好地反映大众偏好，并获得广泛的支持（Box, 1998; Stivers, 1990; Oldfield, 1990）。在社会发展进程中，公民参与作为社会发展的有力杠杆（Nelson et al., 1995），可以制定出更好的公共政策，为社会发展带来更多的益处（Beierle et al., 1999; Thomas, 1995）。公众参与是社区发展的核心价值（Cullen, 1996），社区发展本来就是社区居民普遍受益的过程，但是在发展早期，政府并没有充分认识公众参与社区发展的重要性。许多国家在社区治理过程中都要求强化公民参与的主动性（Nylen et al., 2002; Buchy et al., 2001）。Charnley 等（2005）对美国公众参与环境决策问题进行了系统评价，相关机构可以用此评价结果来完善公众参与过程。Antunes 等（2006）从利益相关者角度对河流水资源管理进行研究，认为公众参与是极为必要的。Hall 等（2007）认为公众参与对提高水资源管理等公共决策的透明度具有重要作用。公众参与作为政府决策的基本准则，被运用到各种公共管理项目中，如邻里守望项目（Gelders et al., 2010）、流域管理项目等（Perkins, 2011）。

但是，有些学者（Lawrence et al., 2001）认为，公民参与需要大量的时间；Echeverria（2001）则把合作治理描述为一个延误决策、刻意维持现状的低效治理机制。

3. 公众参与类型

很多学者对公众参与类型进行了研究。Arnstein 等（1969）提出了"公民参与阶梯"模型，共八档：前两档——"操纵"和"控制"，被归为"非参与"；接下来的三档——"告知""咨询"和"安抚"，被归为"象征性参与"；最后三档——"合伙""授权"和"公民控制"，被认为是公民权利真正应达到的程度，是真正的公民参与。基于 Arnstein 的分类方法，Wilcox（1994）在其著作《有效参与指南》中，将公众参与分为教育及信息提供、信息反馈、介入及咨询和持续参与四种类型。Chase 等（2000）结合具体案例研究提出了专家权威参与、被动接纳式参与、交互式参与、合作管理（共管）四种参与类型，并以此来定量测度公众参与自然资源管理的深度和广度。OECD（2001）通过深入分析各联盟国家公众参与政策及实践，提出公众参与项目决策过程的主要形式是告知、咨询和主动参与等，并认为公众参与决策是社会治理取得良好效果的关键因素。

国内学者对公众参与的类型也进行了较深入的研究。一些学者认为，公众参与有直接参与和间接参与两种方式。真正的公众参与，应该是公民与公共部门进行充分的交流、协商与合作，以公共利益为目标，超越小集团利益、个人私利，实现有效的公民参与（李图强，2004）。孙柏瑛（2005）探究了公民参与形式的选择及其适应性问题，认为参与方式的选择直接影响参与结果的有效性、公民参与的积极性和对政府的信任程度，并将公民参与分为四种类型，参与程度由低到高依次为：政府自主决策、公民无参与，以获取政策信息为目的参与，以政策接受和支持为目的参与，由公民或公民组织主动发起的参与。朱海英（2014）将公众参与分为博弈性参与、道德性参与和协商性参与三种方式。

4. 公众参与决策机制

一些学者对公众参与的行为决策机制进行了较深入的研究。作为理性的"经济人"，公民会对参与成本和收益进行计算，期待以最低的成本实现其参与利益的最大化。由于存在个人理性与集体理性的矛盾，公民的个体理性会导致很多问题出现，如搭便车、决策结果的不确定性、参与的成本和价值内驱力缺失（张存，2007）。关于公民参与的障碍性因素，有学者从公民、政府和双方关系三个方面进行了总结，认为公民知识储备、参与能力、利益选择矛盾、参与共识的困境会制约公民参与，而政府则面对"经济人"困境、传统权威决策的惯性、决策成本增加和效率下降问题，并且公民与政府间还存在信任困境和制度规范的缺失（李庆钧，2007）。一些学者采用理性选择理论，从利益相关者的角度来分析公民参与动力。公民参与的动力主要来自参与自身利益的关联程度、自身参与能力和控制社会资源的程度（朱德米，2009）。

从行为科学视角来看，公民参与行为是内部动机与外部激励共同作用的产物。Verba 等（1995）提出了公民自愿参与模型，将参与活动概括为三个维度：资源、介入心理、招募网络。Ferrara（2002）利用坦桑尼亚农村的调查资料，对公众参与的决定因素进行了分析，研究结果表明，收入分配不平等对于个人参与经济组织产生影响。Neidhart（2005）进一步给出了一个解释性模式，认为公民参与是参与的态度、遵从重要规范、知觉控制层次、公民倾向和社会资本的函数。Tang 等（2008）考察了广州土地征用中的公众参与，指出社会影响评价中的公众参与方式和程序设计要考虑国家与社会关系、社会主义意识形态和中国的传统文化。Perkins（2011）认为，公众参与计划还需消除性别、阶级和种别歧视，实现公平的公众参与，使参与计划在政治上更具包容性。此外，公民的个体特征、文化水平、信息获取渠道与参与方式、社会背景、社会氛围与文化等因素对公众参与也具有重要影响（Shan et al.，2011；李图强，2004）。

1.2.2　参与式发展的研究进展

1. 参与式发展理论

很多学者对参与式发展的内容进行了总结。宋浩昆（1999）将参与式发展的内涵概括为四个方面：①参与是受益群体对发展项目自愿贡献的过程，但受益群体不左右项目的决策；②参与是全过程的，包括参与项目决策、项目实施、项目利益分享和项目监测评估；③参与涉及资源的控制和组织，并对现有的利益结构进行调整；④参与是一个行动过程，注重增加受益者的福利，促进人的成长，培育自主发展能力。叶敬忠等（2001）将参与式发展的内涵概况为以下几个方面：在决策及选择过程中的介入、在全部项目循环中的介入、贡献努力、承诺及能力、动力及责任、乡土知识及创新、对资源的利用和控制、能力建设、利益分享、自我组织及自立、权利及民主的再分配、机制促进。但不管如何划分，都没有脱离参与式方法的要点，即建立"伙伴"关系、重视过程而不只重视结果、综合提高人的能力、重视乡土知识和群众的技能与技术、将发展过程制度化（叶敬忠 等，2005）。王晓军等（2007）认为，参与式发展的内涵体现在以下四个方面：①公众之间的一种自主奉献；②公众主动参与项目决策、实施、监督、评估和利益分配等环节；③公众通过贡献自身知识与能力来解决资源利用的问题，公众本身就具有这种权利和义务；④注重在外来专家的指导和帮助下，引导当地人积极主动地参与社区建设，制定发展计划并付诸实践。

参与式理论的应用非常广泛。一些学者在新农村建设研究中运用参与式理论提出了项目建设的参与式方法。这种方法实现了政府、专家和农民角色的互换，调动了所有参与者的积极性和主动性，对编制科学的规划至关重要（陈建平 等，2006；段巍巍 等，2006）。也有学者在农村扶贫开发项目研究中运用参与式理论，使得项目更加彰显出"以人为本、民主管理"的工作理念，很大程度上提高了扶贫开发项目的绩效（别乾龙 等，2010；李兴江 等，2008；楚永生，2008）。在流域治理和流域规划方面参与式理论也得到了很好的运用，参与式方法提高了流域内居民参与治理的积极性（史亮涛 等，2008；杨小柳，2008）。

2. 参与式方法

参与式方法在不断发展和完善过程中，形成了一系列的具体方法，主要包括：参与式评估和规划（participatory appraisal and planning，PAP）、快速农村评估（rapid rural appraisal，RRA）和参与式农村评估（participatory rural appraisal，PRA）等，其中参与式农村评估运用得较为普遍（王晓军 等，2007）。PRA 是由一个包含当地群众在内的小组采用参与式的工作技术和技能，了解农村生产生活情况、发展机遇与挑战的一种调查方法。该方法重视当地群众的参与，其核心是向当地群众学习，尊重当地群众意愿，分享其经验，实实在在地解决当地群众在生产生活上实际存在的问题。

20 世纪 80 年代，参与式发展理论被引入中国，被广泛应用于农村发展项目之中。PRA具体包括相关部门座谈法、实地调查法（叶敬忠 等，2006）、半结构访谈法、资源图绘制、季节历讨论（刘轩 等，2009）、参与式土地利用规划和相关利益群体的研讨会（张建东 等，2012）。总的来说，参与式发展项目强调政府部门的赋权、公众的话语权及决策权和相关受益者的能力建设。

1.2.3 农民参与灌区管理的研究进展

1. 灌区管理体制

灌区用水者协会（Water Using Association，WUA）管理是参与式灌溉管理（participatory irrigation management，PIM）的一种灌溉管理模式。它是在灌区内组建用水者协会，建立因地制宜的符合市场机制的供水和用水管理制度，让用水者参与管理灌区，实现灌区经济自立的良性循环，确保灌区效益的发挥和可持续发展（张庆华 等，2007）。

国外学者较早对参与式灌溉管理进行研究，普遍认为，政府或集体主导的灌溉管理体制难以对大量而分散的农民所面临的各种事宜做出及时合理的反应，政府管理或集体管理是无效率的。因此，很多国家对政府和集体灌溉管理模式进行改革，大多采取农民参与的社会化管理方式，取得了许多成功范式和经验。一些学者对此进行了实证检验，如 Yercan（2003）对土耳其 Gediz 流域管理项目、Dungumaro 等（2003）对坦桑尼亚 Kihansi 流域管理项目的实证分析。Vermillion（1997）以菲律宾的参与式灌溉管理案例为研究对象，发现灌溉管理制度改革的原因主要有：一是政府缺乏责任感，农民反而具有管理的热情；二是改革带来灌溉系统的新生机；三是改革有助于减轻政府的财政负担。

从 20 世纪 90 年代中期开始，"灌区参与式管理"模式才引入中国，国内学者也开始对 PIM 进行研究。李友生等（2004）讨论了中国参与式灌溉管理的几种模式：农民用水协会、股份合作、承包、租赁和拍卖。李凌（2005）通过在湖南铁山灌区井塘协会的实地调查，发现参与式灌溉相关利益主体角色的错位或缺位是制约参与式灌溉管理体制发育的关键。丁平等（2006）系统分析了中国灌溉管理制度和水价制度的历史、现状及改革方向，论证了明确水权、建立和完善水权市场和进行水价改革的必要性。姜东晖（2009）研究了农民用水者协会的需求与供给。王红雨（2010）以宁夏回族自治区加强灌溉农业三期项目为对象，指出 WUA 对满足公共需求缺乏宏观思考，监督机制不完善，提出农业综合开发项目以农户为主体，建立农业综合开发扶持农民用水者协会持续发展的长效机制。据相关研究，用水成本高、旧制度矛盾、产权不明等原因促使了农民用水者协会的产生（赵翠萍，2012；杜威漩，2011；赵立娟，2008）。实践已经证明，用水者协会参与灌溉管理可以提高灌溉的及时性、灌溉用水效率，调动农户进行渠道维护和管理的积极性，还可推动产权制度的改革（孟德锋 等，2016；赵翠萍，2012；孟德锋 等，2011）。

2. 灌区管理机制

近年来，灌区参与式管理机制已成为国内学术界研究的新动向。一些学者对农户参与灌溉管理的影响因素进行了研究。韩洪云等（2002）运用博弈论分析了农户参与灌区服务供给行为，指出收入水平和地理位置是影响农户合作行为的内生因素，私人物品和公共物品消费的替代率及公共物品的价格是影响农户合作行为的外生因素。张宁等（2006）通过分析新疆阿克苏地区农民参与小型水利工程建设的行为，指出农户个体特征、生产特征、村庄特征及当地经济发展水平是影响农户参与行为的关键因素。陈昌春等（2007）研究指出农户个体资源禀赋、惠农政策和国家改革力度是影响农户节水行为决策的重要因素。孔祥智等（2008）采取农户调查方式，运用博弈模型逻辑分析法及计量模型定量分析法研究了农户参加用水者协会意愿的影响因素，结果表明，农户种植经济作物面积、拥有的可灌溉耕地面积、农业支出占年总支出的比例等越大，就越倾向于选择参加用水者协会；而农户拥有的耕地总面积越多、对现有小型农田水利设施状况越满意，越不倾向于参加用水者协会。张兵等（2009）利用苏北地区农户调查数据和有序回归模型（ordered regression model，ORM）进行了实证研究，结果表明，参与式灌溉管理可持续性受农户家庭负担系数、用水者协会的运行时间、农户是否可参加主席选举、是否开展培训、是否公开账目等多个因素的影响。王红雨（2010）、韩青等（2011）、王金霞等（2011）对如何构建有利于农户参与灌区管理的长效运行机制尤其是合理的利益协调机制和相应的激励机制进行了很好的研究。刘国勇（2011）以新疆焉耆盆地为例，构建农户灌溉行为选择模型，结果显示，水资源利用率低的主导因素是不合理的农业灌溉方式，水资源利用的经济效益决定水资源利用率，农民参与式灌溉管理是提高水资源利用率的组织保障。周利平等（2013）从农户内部因素和外部因素两个角度系统梳理了农户参与灌溉管理行为的影响因素，并提出可以运用社会资本理论和计划行为理论对农户参与灌溉管理行为进行理论解释。陈思羽（2013）、秦宏毅等（2014）、李德丽等（2014）、杨阳等（2015）、周霞等（2016）利用实地调查数据分析得出，农户个体特征、家庭特征、农业生产特征、种植灌溉特征、心理认知情况、水事纠纷发生频率、农户社会资本等因素对农民加入用水者协会具有显著影响。

1.2.4　农民参与农地整理的研究进展

1. 农民参与农地整理的现状

1）农地整理项目公众参与的意义

国外农地整理开展较早，而且十分重视公众参与。国外学者对农地整理的社会经济与生态环境效果进行了较多的研究，如 Mihara（1996）、Coelho 等（2001）、Miranda 等（2006）、Kolis 等（2017）对农地整理项目竣工后的经济社会环境综合效益进行了评价。相对而言，国外学者对农地整理项目公众参与的研究较少，主要集中在公众参与对农地整理效益的影响上。例如，Thapa 等（2008）从项目利益相关者的不同需求出发，研究了不同利益相关者的行为对农地整理效益的影响；Sikor 等（2009）批判了中东地区国家主导的农地整理政策，提出应扩大农村社区在农地整理中的作用，以提高农地整理的效益。

中国现代意义的农地整理始于 20 世纪 90 年代末，至今才近 20 年的历史。1998 年修订的《中华人民共和国土地管理法》明确规定，国家鼓励土地整理。从此以后，农地整理工作在全国范围内逐步推广。虽然农地整理项目主要由政府投资主导，但一直重视公众参与。《国家投资土地开发整理项目管理暂行办法》（国土资发〔2000〕316 号）规定，土地整理项目实施应实行公告、工程招投标、项目法人、工程监理等管理制度；《关于做好土地开发整理权属管理工作的意见》（国土资发〔2003〕287 号）对土地整理每个阶段的农民参与，都做了具体规定；《关于加强和改进土地开发整理工作的通知》（国土资发〔2005〕29 号）强调，土地整理要维护农民权益，严禁脱离实际的"形象工程"和随意变更设计行为；《关于进一步加强土地整理复垦开发工作的通知》（国土资发〔2008〕176 号）规定，土地整理复垦开发项目纵向上实行部级监管、省级负总责、市县人民政府组织实施的管理制度，横向上实行政府主导、国土资源部门牵头、相关部门配合、企业竞争介入、农民参与的管理制度，落实共同责任；《高标准基本农田建设规范（试行）》（国土资发〔2011〕144 号）要求，落实公众听证制度、公告制度、群众监督制度，确保公众参与的规范化和程序化；《全国土地整治规划（2011～2015 年）》（国土资发〔2012〕55 号）将"坚持维护农民合法权益""切实做到整治前农民自愿、整治中农民参与、整治后农民满意"作为土地整治的基本原则之一。《高标准农田建设通则》（GB/T 30600—2014）规定，高标准农田建设应充分尊重农民意愿，维护土地权利人合法权益，切实保障农民的知情权、参与权和收益权。

　　国内学者对公众参与农地整理的意义也进行了较多的研究，比较一致的观点是：有效的公众参与可以提升农地整理项目立项与规划决策的科学性和公共性，增强农地整理的社会可接受性和可操作性，保障农地整理项目的顺利实施，所以农地整理项目引入公众参与是一种必然趋势。例如，胡振琪等（2003）认为，参与式项目管理方法对中国土地整治的可持续发展至关重要；梁留科等（2002）在对德国矿区景观生态重建/土地复垦进行分析后指出，中国矿区生态重建应遵循公众参与和可持续发展的基本原则，在项目规划设计和实施过程中广泛吸纳其他群体的积极参与，确保相关利益主体都享有均等的参与机会和话语权，保持项目较高的决策透明度和参与度。公众参与作为社会评价的重要方法，可以提高评价结果的科学性，使社会评价更容易被居民接受（徐雪林，2004）。同时，在项目的环境影响评价环节中，公众参与是确定资源环境价值的重要方法，对项目的顺利实施具有重大意义（薛继斌 等，2004）。从项目决策的科学性与公共性角度来看，公众参与也是不容忽视的，其增强了项目的社会可接受性和可操作性（毕宇珠，2009）。农民参与农地整理既是规范和推进农地整理的要求，又是维护农民切身权益（王瑷玲 等，2008）、调动农民积极性、保证项目科学、顺利实施的关键（刘建生 等，2010）。村委会与农民的积极参与是影响农村土地整治项目后期管护效率的关键因素（汪文雄 等，2010b）。

　　2）农地整理项目公众参与主体

　　德国、荷兰和日本均比较清晰和准确地界定了公众参与的主体（李文静，2013）。德国是现代土地整理的发源地，在其乡村土地整理中，产权调整、田块合并、公共设施规划的编制、村镇改造规划的制定和实施及相关补偿措施的制定都引入了公众参与机制，坚持公众参与原则，追求的是"有限的政府权力与有效的公众责任"相结合（贾文涛 等，2005）。德国土地整理参与者具有多元化的特征，既包含了土地整理参与者联合会、农业协会等公共利益代表机构，也包含了乡镇政府等政府机构，多方利益主体应承担参与土地整理的责任。荷兰是世界上开展土地整理较早的国家之一，20世纪初，荷兰就开始了较大规模的土地整理。在荷兰，土地整理始终坚持使农场主和当地居民的个人利益与社会利益相协调，与土地整理利益分配密切相关的个人和团体是决定土地整理项目的启动、规划和实施的最为重要的力量（廖蓉 等，2004），并十分重视土地整理领域的政策法规。荷兰主要以土地整理委员会的形式实施农地整理项目，组织主要成员包含当地的农民群众、市级政府相关部门的代表、水资源利用与管理委员会代表（梁彦庆 等，2011）。日本的《耕地整理法》明确规定：在耕地整理实施之前，必须得到相关人员的同意。日本土地整理主要由耕地整理合作组织实施，为了方便耕地整理合作组织之间的协作，日本还设置了耕地整理合作组织联合会法人制度（袁中友 等，2012）。Nagamine（1986）在对日本土地重划的各种技术和方法进行归纳和总结后得出，日本土地重划模式取得成功的关键在于逐步建立了健全的公众参与机制，特别是成立了土地整理委员会，充分吸纳各社会阶层参与项目实施及项目资金的筹集，并建立了共同的契约，最大限度地缓解了项目的资金需求，提高了项目实施的效率。Sorensen（1999）研究了日本农地重划项目公众参与模式的资金筹集、成本分摊及收益分配问题，并指出农地整理项目的成功取决于土地所有者的积极参与及其所做的贡献。

　　目前，中国已经形成以政府为主、多方参与（企业、农村集体、农村合作组织、农户）的农地整理项目投资主体和利益主体多元化的格局（周厚智，2012）。农民个人利益直接与农地整理项目的实施情况相关，而村委会、农民合作组织等组织利益的实现也离不开农地整理项目的实施（毕宇珠，2009）。在农地整理项目实施中，村委会要充分发挥带头作用，积极主动地做好农户的工作，协调好各核心利益关联者之间的关系，做好项目监管，保障项目的正常运营。与此同时，在充分尊重农户需求与意愿的前提下，激发农户的参与热情，扩大农户参与的广度与深度，从而提高农地整理项目的效率（钱圣，2012）。而通过农户与龙头企业来实施项目监督可减少业主管理、项目监理、中介服务和施工利润等费用支出，进而有效提升农地整理项目的投资效率（吴九兴，2012）。除上述主体外，"民间组织"也是公众参与土地整理规划成功的一个很重要的因素（鲍海君 等，2004）。当前一些地方成立的代表农民集体利益的农民组织，如湖北省漳河灌区成立的农民用水协会、湖北省沙洋县李市镇彭岭村成立的耕地保护协会等，已成为农地整理项目农民参与主体，为农地整理项目公众参与提供了实践基础（李文静，2013）。

3）农地整理项目公众参与阶段和方式

农地整理项目全过程一般分为立项决策、规划设计、施工建设与后期管护四个阶段。当前，学术界对公众参与农地整理项目应从哪个阶段介入，存在三种观点。第一，重视早期介入农地整理项目。公众早期介入农地整理项目，一般是指公众参与农地整理项目规划设计阶段。公众参与式的农地整理项目规划设计主要步骤包括：参与准备、收集与整理参与意愿、形成初步规划方案、审查与完善规划成果、公众认可程度评价及方案公示（黄琦，2008；王瑷玲 等，2008）。从理论上讲，公众可以介入规划设计阶段的任意环节，但考虑到项目实施的效率，应该综合考虑经济、技术、时间等方面的因素，以此决定最为合适的介入环节（薛继斌 等，2004）。第二，重视中期介入农地整理项目。一些学者认为，公众参与若局限于前期准备阶段是不合理的，施工与竣工验收环节的公众参与同样非常关键；若此阶段缺乏公众参与，可能会因此产生系列的隐患，涉及环境和社会等方面。由于农地整理项目的工程质量直接决定工程设施功能的发挥，进而对农地整理的综合效益产生深远影响，所以近年来有学者（吴诗嫚 等，2015）开始关注农地整理项目施工建设阶段的农民参与问题。第三，注重全程参与农地整理项目。有学者认为，公众参与必须贯穿农地整理项目的全过程，且根据参与阶段的不同，参与方式也应不同（吴九兴，2012）。但是当前的实际情况是，只有部分村干部及少数有威望的农民或者部分农民代表参与农地整理项目的全过程，普通农民在多数情况下仅通过项目施工现场才了解并参与农地整理项目中（罗文斌 等，2010）。鉴于农地整理项目后期管护的重要作用，以及目前普遍存在"重前期建设、忽视建后管护"的现象，一些学者开始关注农地整理项目后期管护阶段公众参与问题（文高辉 等，2016；赵微 等，2016；胡珍 等，2015；汪文雄 等，2010a）。

公众参与方式，对改进农地整理项目设计方案，赢得项目利益相关者的理解与支持，均起到积极的促进作用，且有利于提高项目参与各方的社会责任感，减少社会矛盾和纠纷，有效地降低项目建设和运营的社会风险（徐雪林，2004）。公众参与方式多种多样，主要有以下几种：提建议和意见、无偿投工、有偿投工和参与监督（吴九兴 等，2013a）。有学者认为，公众参与农地整理项目最常用的方式是问卷调查，该方法简单易行，但同时也存在一定的缺陷即结果不具代表性且呈现单一化（柴西龙 等，2005）。因此，应拓宽公众参与渠道，使农户有效地参与到项目中，而媒体广告、会议等途径能加强公众对农地整理相关政策与知识的了解，是提高公众参与有效性的很好选择（王瑷玲 等，2008）。

Sorensen（1999）对日本土地重划的不同模式进行比较和分析后指出，公众参与土地重划必须和一定的社会文化环境相适应，要因地制宜地采取和本地社会文化相结合的参与模式，满足"一致性同意"的适应性要求。Dijk（2007）通过分析中欧国家土地整理实施模式，指出公众的参与意愿及付出努力是项目能否成功的关键。Tan 等（2009）将中国农地整治实施的效果和荷兰、德国两个国家进行对比分析后指出，中国土地整治项目实施中缺乏有效的公众参与，公众参与主体的确定方法不合理，不具有公平性，应该学习、借鉴荷兰和德国的做法。

2. 公众参与土地整理机制

目前学者们普遍认为，在政府主导的农地整理项目中，农民参与意愿不高，参与程度较低，缺少全程参与，参与方式单一（严立冬 等，2013；吴九兴 等，2013a；王文玲，2012；鲍海君 等，2004）。针对这种情况，很多学者对农地整理项目农民参与的影响因素进行了分析。李建强等（2005）认为，农户对农业生产的市场预期很大程度上影响了农户参与农地整理项目的积极性。徐国柱（2008）指出，农民对整治项目的认知情况、法律法规的完善程度、农民参与机制的缺乏与现行管理体制的低效率等因素，是制约农民参与项目的主要原因。王文玲（2012）经实地调研发现，家庭特征中的非农劳动力比例、以耕地面积为代表的资源禀赋、农户对农地整理项目重要性的认识，是影响农地整理项目农户参与意愿的主要因子，对农户参与程度影响较大的因子主要包括是否为村干部、农户所拥有的耕地面积和农地流转价格。桂华（2014）指出，为了提高农地整理这一农村公共品供给效率，可以借资源输入激活基层民主，通过引入"自下而上的决策机制"来优化公共品供给体制。

由于农地整理项目各个阶段农民参与程度不同，近年来一些学者开始关注各个阶段农民参与程度影响因素。叶艳妹等（2002）、鲍海君等（2004）、毕宇珠（2009）对公众参与农地整理项目规划设计的方法进行了分析。吴诗嫚等（2013）探寻了农户参与农地整理项目规划设计意愿的影响因素，提出应充分重视并发挥村委会在农地整理项目实施中的宣传、引导、沟通作用，提高农户对农地整理的认知程度，稳定农户对农业生产的市场预期，以期能有效提高农户参与规划设计的积极性。汪文雄等（2013）利用湖北省和湖南省实地调研数据，研究了农地整治项目实施阶段农户参与程度及其影响因素，结果表明政府合理引导农户参与是影响农户参与程度的关键因素。汪文雄等（2010b）通过构建结构方程模型，实证得出村委会的参与对农村土地整理项目后期管护的效率影响最大，其次是农户的参与，而政府部门的管理与专业化组织的参与影响相对较小，后期管护资金来源、监督检查机制、组织健全程度、宣传等因素对农户参与农地整理项目后期管护的意愿影响显著。吴诗嫚等（2014）运用行为经济学的交易效用理论分析了农户参与农地整理项目后期管护的出资行为，并指出交易效用的感知是农户参与项目后期管护出资的重要原因，农业长期增产增效是农户参与项目后期管护出资的内在动机。

1.2.5 文 献 评 述

通过以上分析可以看出：有关公众参与的研究主要表现在公众参与的内涵、作用、类型、机制等方面，研究领域主要涉及自然资源与环境管理、区域发展规划、减贫开发、公共事务管理等方面，研究方法主要包括实地调查法、案例分析法、计量模型方法等。从趋势来看，目前学者们更关注公众参与过程和参与效果。

目前学术界对灌区水资源农民参与式管理进行了卓有成效的研究，其研究内容集中在农民参与式管理的体制、机制及其效果上，这为本书的研究提供了重要的借鉴和参考作用。对农民参与农地整理的研究，主要集中于公众参与的意义、主体、阶段、方式、机制等方面，从农户微观层面来研究农民参与行为是近年来的新趋势。

但是，现有研究还存在一些不足。第一，农民参与农地整理项目，不仅是一种经济行为，也是一种具有经济性和社会性的综合行为，已有研究大多从经济学或心理学的单一角度对其进行分析，研究的系统性和综合性不够。因此，需要从经济学、社会学、心理学等多视角，来研究农地整理项目农民参与行为及其机制。第二，农地整理各个阶段的内容不同，农民参与的方式和程度自然不同；农民对各个阶段的认识不同，参与目标不同，其参与意愿也存在差异。近年来已有学者开始关注农地整理项目各个阶段农民参与机制的研究，但仍然不够深入。这些都是本书要力求解决的问题。

第 2 章　农地整理项目农民

参与现状分析

2.1　基本概念

    农民参与属于公众参与。在农地整理过程中，农民参与是公众参与最重要的类型。在参照现有文献对公众参与概念界定的基础上，本书将农民参与定义为：农民参与农村社区建设与农村公共事务管理的过程，在此过程中，农民需要投入一定的时间、精力甚至资金，其目的是维护自身权益。在实质上，它是政府赋予农民参与农村公共事务决策的过程，是农民权益体现的过程（田甜 等，2014）。

    目前，在农地整理各个阶段，农民参与的内容存在差异。在农地整理项目申报立项阶段，农民参与的内容主要包括：向地方政府及其管理部门表达项目需求意愿，向项目可行性研究报告编制单位反映农业生产现状及存在的问题，并提出有关农业生产条件改善的意见。在规划设计阶段，农民参与的内容主要包括：配合规划设计单位对项目区进行全面勘察，详细提出有关土地平整、田间道路、农田水利与农田防护等工程的改善建议，参与编制本村组的土地权属调整方案。在施工建设阶段，农民参与的内容主要包括：参与编制本村组的土地权属调整实施方案，在施工过程中投工投劳，参与规划设计方案变更，参与施工监督，参与项目竣工验收等。在项目后期管护阶段，农民参与的内容主要包括：参与后期管护方案的编制与确定，在日常管护中投工投劳，参与管护资金的筹集与监管等。

2.2　研究区域与数据

本章实证数据来源于三次农户问卷调查（表 2.1）。第一次问卷调查区域为武汉城市圈 5 个县区共 7 个农地整理项目：武汉市江夏区法泗镇基本农田土地整理项目、武汉市蔡甸区消泗乡基本农田（血防）"兴地灭螺"工程土地整理项目、武汉市蔡甸区消泗乡和侏儒镇基本农田土地整理（血防）项目、咸宁市嘉鱼县潘湾镇高产农田土地整理项目、鄂州市鄂城区杜山镇高产农田建设示范项目、鄂州市鄂城区泽林镇高产农田建设示范项目、鄂州市华容区蒲团乡高产农田建设示范项目。调查时间为 2012 年 4 月，采取随机抽样调查法，最终得到有效问卷 390 份。

表 2.1　样本分布情况

调查时间	调查区域		有效样本数/份	比例/%
2012 年 4 月	武汉城市圈	江夏区	41	3.16
		蔡甸区	89	6.87
		嘉鱼县	43	3.32
		鄂城区	108	8.33
		华容区	109	8.41
		小计	390	30.09
2014 年 1 月	江汉平原等地	潜江市	32	2.47
		公安县	60	4.63
		沙洋县	31	2.39
		孝南区	64	4.94
		宜都市	73	5.63
		小计	260	20.06
2014 年 12 月	鄂东示范区	浠水县	51	3.94
		蕲春县	58	4.48
		英山县	63	4.86
		罗田县	70	5.40
		小计	242	18.68
	环洞庭湖区	君山区	71	5.48
		湘阴县	76	5.86
		华容县	63	4.86
		小计	210	16.20
	娄邵盆地区	隆回县	70	5.40
		邵东县	85	6.56
		双峰县	39	3.01
		小计	194	14.97
合计			1296	100.00

第二次问卷调查区域为江汉平原等地的 5 个县市区：孝感市孝南区、潜江市、荆州市公安县、荆门市沙洋县、宜昌市宜都市，调查时间为 2014 年 1 月，采取随机抽样调查法，最终得到有效问卷 260 份。

第三次问卷调查区域为：位于湖南省环洞庭湖基本农田建设重大工程区（简称"环洞庭湖区"）的君山区、湘阴县、华容县，位于湖南省娄底—邵阳盆地基本农田建设重大工程区（简称"娄邵盆地区"）的隆回县、邵东县、双峰县，位于湖北省农村土地整治示范工程建设鄂东城乡统筹示范区（简称"鄂东示范区"）的浠水县、蕲春县、英山县、罗田县。调查时间为 2014 年 12 月，采取随机抽样调查方法，获得有效问卷 646 份，其中鄂东示范区 242 份，环洞庭湖区 210 份，娄邵盆地区 194 份。

2.3　农地整理项目农民参与现状及特征

2.3.1　参 与 动 机

本书将农民参与农地整理项目的动机分为两种类型：经济动机、非经济动机。经济动机具体表现为如下 5 个方面：增加农产品产量、调整农业生产结构、改变农业生产方式、获取劳动报酬、得到损失补偿；非经济动机具体表现为如下四个方面：学习农地整理有关知识与技术、提升自己在社区中的地位、获得满足感、增加与他人合作与交流的机会（田甜，2015）。

调查结果（表 2.2）显示，71.18% 的农民参与农地整理是出于经济动机，其中，持单一经济动机的农民占 44.63%，持多重经济动机的农民占 55.37%；28.82% 的农民参与农地整理是出于非经济动机，其中持单一非经济动机的农民占 47.96%，持多重非经济动机的农民占 52.04%。可见，目前农民参与农地整理的动机具有多重性，但仍然以经济动机为主。

表 2.2　农民参与的动机

参与动机类型	比例/%	参与动机特征	比例/%
经济动机	71.18	持单一经济动机	44.63
		持多重经济动机	55.37
非经济动机	28.82	持单一非经济动机	47.96
		持多重非经济动机	52.04

注：根据第三次问卷调查整理得到

2.3.2　参 与 意 愿

本书采用利克特量表法，对农民参与意愿进行计量，并将农民参与意愿分为如下 5 个等级：非常不愿意（意愿值为 1）、不太愿意（意愿值为 2）、不确定（意愿值为 3）、愿意（意愿值为 4）、非常愿意（意愿值为 5）。

调查结果（表 2.3）显示，受访农民参与项目的意愿均值为 3.84；28.19%的受访农民参与项目的意愿值为 5，55.85%的受访农民参与项目的意愿值为 4；少数农民参与项目的意愿不确定，所占比例为 13.30%；2.66%的受访农民无参与意愿，没有农民表示非常不愿意参与。可见，目前农民参与项目的意愿整体上还是比较高的。

表 2.3　参与意愿

意愿值	人数/人	比例/%
1	0	0.00
2	5	2.66
3	25	13.30
4	105	55.85
5	53	28.19
合计	188	100.00

注：根据第一次调查问卷整理得到；意愿均值为 3.84，标准差为 0.72

2.3.3　参与程度

1. 参与人数

调查结果（表 2.4）显示，在 1 036 位受访农民中，66.51%的农民参与过本村的农地整理项目。其中，武汉城市圈的农民参与比率为 48.21%，低于平均水平；鄂东示范区、环洞庭湖区、娄邵盆地区的农民参与比率分布为 82.23%、83.81%和 64.95%。

表 2.4　农民参与人数及其比例

调查区域	受访人数/人	参与人数/人	参与人数所占比例/%
武汉城市圈	390	188	48.21
鄂东示范区	242	199	82.23
环洞庭湖区	210	176	83.81
娄邵盆地区	194	126	64.95
合计	1 036	689	—

注：根据第一次和第三次问卷调查整理得到；参与人数所占比例均值为 66.51%

2. 参与时间

调查结果（表 2.5）显示，在参与过本村农地整理项目的受访农民中，75.53%的农民参与时间在 1～10 天，18.62%的农民参与时间在 11～20 天，参与时间在 21 天及以上的农民仅占 5.86%。而农地整理项目从申报立项到竣工验收，一般要花费 2～3 年的时间。

所以，从参与人数和时间来看，目前农民参与农地整理项目的程度是比较低的。

表 2.5 农民参与时间及其比例

参与时间	比例/%
1～10 天	75.53
11～20 天	18.62
21 天及以上	5.86
合计	100.00

注：根据第一次调查问卷整理得到

2.3.4 参与阶段

农地整理项目一般包括如下四个阶段：项目申报立项、项目规划设计、项目施工建设、项目后期管护。调查结果（表 2.6）显示，在参与过本村土地整理项目的受访农民中，参与了项目申报立项阶段部分工作的农民占 25.08%，参与了项目规划设计阶段部分工作的农民占 79.32%，参与了项目施工建设阶段部分工作的农民占 58.87%，参与了项目建后管护阶段部分工作的农民占 23.15%。可以看出，目前农民参与农地整理项目主要集中在规划设计阶段，项目施工建设阶段参与的较多，项目申报立项阶段和建后管护阶段参与的比较少，很少全程参与。

表 2.6 农民参与阶段

参与阶段	调查区域	比例/%
申报立项	武汉城市圈	41.49
	江汉平原等地	8.66
	平均	25.08
规划设计	武汉城市圈	87.77
	江汉平原等地	70.87
	平均	79.32
施工建设	武汉城市圈	51.60
	江汉平原等地	66.14
	平均	58.87
后期管护	武汉城市圈	6.92
	江汉平原等地	39.37
	平均	23.15

注：根据第一次和第二次调查问卷整理得到

2.3.5 参与类型

农民参与农地整理，可以划分为多种类型。从农民参与的主动性来看，可分为主动与被动两种参与类型；从农民参与是否有报酬来看，可分为有报酬参与和无报酬两种参与类型。

调查结果（表 2.7）显示，在参与过本村农地整理项目的受访农民中，73.40%的农民是主动参与的，26.60%的农民是被动参与的；35.11%的农民表示参与农地整理项目得到了部分报酬，64.89%的农民表示没有得到报酬。由此可见，目前农民参与农地整理还是比较主动的，但大多数情形下农民参与是没有报酬的。

表 2.7　农民参与类型

划分准则	参与类型	参与人数/人	所占比例/%
主动性	主动参与	138	73.40
	被动参与	50	26.60
有无报酬	有报酬参与	66	35.11
	无报酬参与	122	64.89

注：根据第一次调查问卷整理得到

2.3.6　参 与 方 式

农民可以多种方式参与到农地整理项目中。目前，农民参与主要包括以下几种方式：第一，农民向有关部门和单位提出意见或建议；第二，在农地整理项目实施过程中特别是规划设计阶段和施工建设阶段，农民投工投劳；第三，在农地整理项目施工建设阶段中，农民参与施工监督。

调查结果（表 2.8）显示，在参与过本村农地整理项目的受访农民中，90.11%的农民曾提出了意见或建议，35.64%的农民为农地整理曾投工投劳，33.74%的农民曾参与了施工监督。可见，在目前的农地整理过程中，农民参与的方式还是比较单一的，绝大部分农民参与的方式是向有关部门和单位提出意见或建议，投工投劳方式、参与施工监督方式均较少。

表 2.8　农民参与方式

参与方式	调查区域	比例/%
提建议和意见	武汉城市圈	92.02
	江汉平原等地	88.19
	平均	90.11
投工投劳	武汉城市圈	51.59
	江汉平原等地	19.69
	平均	35.64
参与施工监督	武汉城市圈	21.81
	江汉平原等地	45.67
	平均	33.74

注：根据第一次和第二次问卷调查整理得到

2.4　本 章 小 结

　　本章首先界定了农民参与农地整理项目这一基本概念，然后利用 1 296 份农户问卷调查数据，对农民参与现状及特征进行了分析，得到如下研究结果：农民参与农地整理的动机具有多重性，但仍然以经济动机为主；农民参与意愿整体上比较高，但是目前农民参与程度比较低；在参与过本村整理项目的农民中，参与主要集中在规划设计阶段，项目施工建设阶段参与的比较多，项目申报立项阶段和建后管护阶段参与的比较少，很少全程参与；农民参与比较主动，但大多数情形下农民参与是没有报酬的；农民参与的方式比较单一，绝大部分农民参与的方式是向有关部门和单位提出意见或建议，投工投劳和参与施工监督的方式比较少。

第 3 章 农地整理项目农民参与行为的机理

3.1 计划行为理论与农民参与行为的影响因素

3.1.1 计划行为理论

计划行为理论是以态度期望价值、信息加工为出发点来解释个体行为一般决策过程的理论。该理论认为行为意向是影响行为的最直接因素，而行为意向反过来受行为态度、主观规范、行为控制知觉的影响（Ajzen，1991）。与理性行为理论相比，计划行为理论放弃了"个体行为受意志控制"的假设，增加行为控制知觉的变量，使改进后的理论更具解释力，适用范围更广。

计划行为理论中的行为意向是指"尽量去执行某一行为的倾向"，它并不预测目标的达到程度，只是预测个体是否愿意执行某一行为（李华敏，2010；Ajzen，1991）。而个体行为不仅受行为意向的影响，还受执行行为的个人能力、机会、资源等实际控制条件的制约。在条件充分满足的前提下，行为意向直接决定行为，而行为态度、主观规范和认知行为控制三个变量决定行为意向，即行为态度越强烈，行为意向就越大；重要人物的支持和行为控制知觉越强，行为意向越大。此外，个人拥有的信息和个人及社会文化背景等都会影响行为意向，进而影响个体行为（段文婷 等，2008）。Ajzen 提出的计划行为理论的结构模型，如图 3.1 所示。

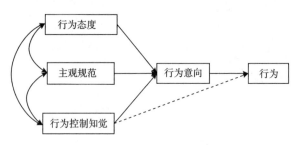

图 3.1　计划行为理论结构模型

行为态度是指个体对某一行为的喜爱程度，受个体行为信念的影响，而个体行为信念强度及对行为结果的评估又影响个体行为信念。其数学表达式如下：

$$AB = \sum b_i e_i \qquad (3.1)$$

式中：AB 表示行为态度；b_i 表示行为信念强度；e_i 表示对行为结果的评估。

主观规范是指个体周围的社会团体与其他个人对个体行为的影响，即个体在执行某一具体行为时所感受到的来自社会的各种压力。主观规范有两个主要的影响因素，即规范信念和顺从动机。规范信念是行为个体感知到的周围其他人和团体对自己的期待；顺从动机是行为个体顺从周围其他人和团体对自己期待的程度。用数学公式表达如下：

$$SN = \sum n_i m_i \qquad (3.2)$$

式中：SN 表示主观规范；n_i 表示规范信念；m_i 表示对规范信念的感知强度，即顺从动机。

行为控制知觉是行为个体所感知的执行某一具体行为的难易程度，它受控制信念与感知强度的影响。其数学表达式如下：

$$PBC = \sum c_i p_i \qquad (3.3)$$

式中：PBC 表示行为控制知觉；c_i 表示控制信念；p_i 表示感知强度。

Ajzen（1991）指出，对变量进行度量时应特别注意以下三个方面。

第一，应遵循一致性原则。该原则是指在测量变量时，应针对某一特定的行为，且被测量行为与实际发生行为应一致（段文婷 等，2008；Ajzen，2002，1991）。在测量行为之前，必须从对象、行动、环境、时间四个方面对所研究的行为进行严格定义。但是，不管怎样定义，必须确保所研究的行为前后是一致的（Ajzen，2002）。

第二，引出突显信念。引出突显信念是保证研究结果准确可靠的基础。其具体步骤如下：首先选择代表性较强的样本，通过询问其对某一行为的好坏评价、周围哪些社会团体和个人对某一行为产生影响、何种因素对目标行为产生影响，就可以得到有关主观规范、行为态度、行为控制知觉的信念，其次选择那些频率较高的信念作为突显信念，用于正式问卷设计和调查。

第三，精心设计测量问卷。Ajzen（1991）在进行问卷设计时，采用了两种方式：直接测量和信念测量，并采用利克特量表来测量所有指标。直接测量的变量包括主观规范、行为态度、行为控制知觉，其中，对行为态度的测量，主要从情感性态度与工具性态度两个方面展开；对主观规范的测量，主要从描述性规范与指令性规范两个方面进行；对行为控制知觉的测量，主要从自我效能感与感知能力两个方面进行。

3.1.2　农民参与行为的影响因素

根据计划行为理论，对农地整理项目农民参与行为产生影响的因素主要包括以下几个方面（吴九兴，2012；吴九兴 等，2014）。

1. 行为态度

态度是计划行为理论的重要概念，它表征行为主体对执行某一特定行为喜欢或不喜欢的程度。在态度与行为意向的关系中，态度被视为非常重要的决定因素。当行为主体对某一特定行为持赞成或肯定的态度时，就倾向于采取行动；当行为主体对某一特定行为持反对或否定态度时，就不太可能导致行为的发生。行为主体总是以预期行为结果来确定权重，确定行为态度，而行为态度又与主观规范和行为控制知觉存在关联。

本书把农民参与态度分为以下两种：第一，对参与行为本身所持的态度，如通过参与农地整理能否表达自己的意见、维护自己的权益诉求、提高项目工程质量、享有村民自治的民主权利、提升自己在当地的影响力；第二，对农地整理所持的态度，如农民对农地整理项目持肯定还是反对还是无所谓的态度等。

2. 主观规范

农地整理项目农民参与行为还受主观规范的影响。从计划行为理论来看，主观规范反映的是社会压力对个体行为的影响。和行为态度、行为控制知觉与行为意向的关系相比，主观规范与行为意向的关系显得弱一些，这是因为个体是否顺从社会压力而做出某一特定行为选择并不总是那么可靠（Ajzen，1991）。对此，有研究者进一步将主观规范划分成个人规范、示范性规范和指令性规范，其中，个人规范还没有得到学界的认可，而示范性规范和指令性规范在不同的研究中所显示的与行为意向的相关关系存在较大差异（吴九兴，2012）。例如，Rivis 等（2003）进行元分析研究发现，示范性规范与行为意向的相关系数为 0.44，而在其他研究中这种相关性则更高。本书认为，农民参与农地整理的行为自然会受亲朋好友、左邻右舍、村干部、地方政府及其管理部门的各种社会压力的影响。

当前，各地越来越重视农地整理项目的农民参与，期望突出农民的主体地位，并积极创新农民参与的方式。例如，湖南省在实施农地整理项目时要求全程必须有群众代表参加，主要通过公告、听证、公示等方式征求农民的意见；《湖北省土地整治管理办法》规定："建立保障群众知情权、参与权、表达权和监督权的制度""土地整治项目选址、土地权属调整、集体土地整治后新增耕地的分配等事项，应当依法经项目涉及地或者所在地村民会议或者村民代表会议同意"[①]。由此可见，各地越来越重视农民的主体地位和参与行为，那么农民是否采取参与行动就越来越受到这些指令性规范的影响。

3. 行为控制知觉

行为控制知觉作为一个解释变量，其主要目的是解释非意志完全控制的行为。行为控制

---

① 湖北省人民政府令 2011 年第 344 号《湖北省土地整治管理办法》．http：//laws.66law.cn/ law-132262.aspx

知觉的测量项目包括两个方面：控制信念和感知强度。其中，控制信念是指约束或促进行为的各种因素，而感知强度是指个体的自我效能感信念。

农民参与农地整理的行为，会受时间精力、成本费用、知识水平等方面的影响。若农民决定参与农地整理项目，他就必须放弃在此时间内做其他事情的机会，所以农民参与是有机会成本的；农民参与农地整理项目，他还可能要支付一定的交通成本；农民若要参与农地整理项目，事先就要了解农地整理政策和农地整理项目情况，否则就会担心所提意见得不到采纳甚至被人笑话。因此，本书将时间、费用、知识视为影响行为控制知觉的主要因素。

3.2 变量设计与研究假说

3.2.1 变量设计

1. 计划行为理论的三大变量

从以上分析可知，农民参与行为受到行为态度、主观规范、行为控制知觉的影响（吴九兴 等，2014）。

（1）行为态度。对行为态度的测量包括行为信念和行为结果评价两个方面，行为态度可以采取直接测量的方法，也可以通过行为信念和行为结果间接测量。在农地整理项目农民参与方面，态度可以表述为以下9个分项：参与有助于表达权益诉求、培养公民意识、提高对项目的满意度、丰富专业知识、增加非农劳动收入、体现村民的自治权利、提升自身的影响力、参与耗费时间多使劳作时间减少、参与需要支付一定的交通费。所有行为态度的变量测量，均采用利克特量表法进行。

（2）主观规范。农民对来自家人、朋友、邻居、村民小组、村委会、乡镇政府、国土资源管理部门等的看法和支持非常关注，感知到的行为信念越大，农民参与的行为意向越强。对个人或组织的压力调查，可以借助有关量表进行。主观规范又可分为个人主观规范和社会主观规范。其中，个人主观规范来自个人对农民参与行为信念的影响，而社会主观规范则来自组织或机构的影响。所有主观规范的变量测量，均采用利克特量表法进行。

（3）行为控制知觉。农民对自身参与行为所感受的资源和条件约束，就是行为控制知觉。在农民参与农地整理过程中，总是受到时间、信息、知识等资源的约束和影响，所以对行为控制知觉的测量可以从这几个方面入手，具体利用利克特量表法。

2. 中介变量

当一个自变量 X 对因变量 Y 的作用是通过 M 来间接实现时，则 M 为中介变量。本书认为存在两个中介变量：行为态度和行为控制知觉。行为控制知觉通过行为态度间接影响参与行为意向，主观规范通过行为控制知觉间接影响参与行为意向。

3. 农户特征变量

由于行为态度、主观规范和行为控制知觉只解释了39%的行为意向方差（Armitage et al.,

2001），本书在计划行为理论的基础上，增加农户特征变量。农户特征变量包括农民个体特征变量和家庭特征变量，主要有户主的性别、年龄、教育程度、是否为村干部、是否为党员、家庭总人口、家庭人均纯收入、非农收入占家庭总收入的比例。

（1）性别。参与者的性别不同，其偏好和决策方式存在差异。一般来看，相对于女性而言，男性对外界事务更感兴趣，对农业生产设施了解更多，因此，对农地整理项目期望更高，希望通过农地整理能解决田块细碎、灌排困难、交通不便等问题。

（2）年龄。不同年龄的农民所具备的农业生产经验不同。一般来说，年龄较大的农民对农田设施有更多的了解，因此，年龄较大的农民更倾向于参与农地整理；再者，年龄较大的农民外出务工的机会较少，农业生产是其主业，对于解决田块细碎化、灌排设施缺乏、田间道路不畅等问题更为关注，希望通过农地整理降低农业生产的劳动强度、生产性投资支出和劳动时间。

（3）受教育程度。受教育程度可以反映农民对有关农地整理政策的理解能力。农民受教育程度越高，他对国家有关农地整理的政策越加关注和了解；接受新知识和新事物的能力越强，越愿意参与农地整理项目。

（4）是否为村干部。村干部实质上是农村自治组织的领导成员，是连接乡镇政府与农民之间的桥梁和纽带。村干部经常要参加上级组织的有关会议，与外界交流较多，对国家农地整理政策的了解比普通农民更清楚，更愿意参与农地整理项目。

（5）是否为党员。党员经常要参加组织活动，参与讨论农村公共事务决策，在公共事务中要起带头作用，所以更愿意参与农地整理项目。

（6）家庭总人口。一般来说，家庭人口越多，消费的农产品越多，对农业生产的依赖性越强，因此，家庭人口规模对农民的参与行为可能有正向作用。

（7）家庭人均纯收入。家庭人均纯收入反映的是农民的经济状况，农民家庭的经济状况较好，则参与农地整理项目的支付能力较高，特别是在农地整理项目后期管护出资方面。尽管农民参与各种活动的费用支出并不多，但在目前提倡减轻农民负担的大背景下，要求农民自行负担参与的交通费用或投资存在一些压力。因此，本书预期家庭人均纯收入对农民参与意愿和支付能力产生重要影响。

（8）非农收入占家庭总收入的比例。目前，大多数农民都存在兼业行为，只是兼业程度存在差别，有的农民兼业程度高，有的农民兼业程度低。兼业程度较高的农民，对农业生产的依赖性较低，参与农地整理项目的意愿较低；兼业程度较低的农民，由于其主要收入来自农业生产，参与农地整理的意愿较高。

4. 因变量

农民参与的行为意向是本书的因变量，所有观测变量都是为考察农民参与行为意向形成的影响因素和路径而设计的。对因变量 Y 的测量，可以用参与意愿的强烈程度来表述，即参与意愿极强用 5 表示，参与意愿极低用 1 表示。

3.2.2　研究假说

根据研究任务，对计划行为理论的三个经典变量——行为态度、主观规范和行为控制知觉与行为意向的关系进行实证分析，修正后的农民参与行为意向形成的理论模型如图 3.2 所示。

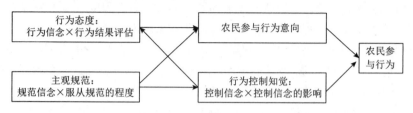

图 3.2　农地整理项目农民参与行为模型（拓展）

根据验证性因素分析结果，结合 Ajzen（1991）提出的计划行为理论模型，经多次修正，得到农地整理项目农民参与行为意向的路径分析模型（图 3.3）。图 3.3 显示，一方面农民参与行为意向的影响变量包括行为态度（AB）、主观规范（SN）和行为控制知觉（PBC），三个变量直接作用于行为意向（BI）；另一方面主观规范通过行为控制知觉作用于行为意向，行为控制知觉通过行为态度作用于行为意向。考虑到行为态度、主观规范、行为控制知觉的测量变量方差之间存在共变关系，因此，增列 e17 和 e18、e16 和 e17、e18 和 e19、e12 和 e15、e13 和 e14、e5 和 e10、e4 和 e13、e10 和 e11、e8 和 e9、e1 和 e13、e2 和 e3、e3 和 e5、e6 和 e14、e6 和 e9、e5 和 e6、e5 和 e7、e7 和 e9、e6 和 e10、e1 和 e14 一共 19 组共变关系，有效降低模型的卡方值，且不违背理论假设。

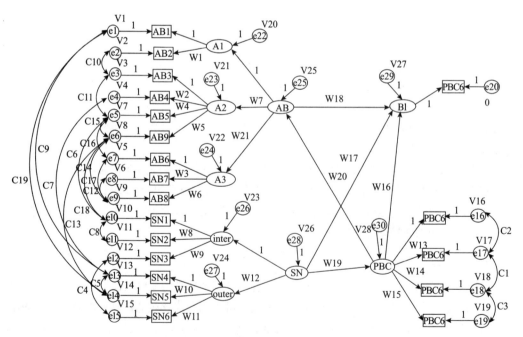

图 3.3　基于计划行为理论的农民参与行为意向形成模型

注：A1 表示优化设计与施工；A2 表示抑制腐败与调整结构；A3 表示效益提升与能力培养；
　　inter 表示个人内部规范；outer 表示社会外部规范；BI 表示行为意向；
　　PBC 表示行为控制知觉；SN 表示主观规范；AB 表示行为态度；
　　e1～e30 表示测量误差；C1～C19 表示协方差；V1～V28 表示方差

根据路径分析模型图 3.3，本书提出以下研究假说。

（1）H1：行为态度（AB）对农地整理项目农民参与行为意向（BI）有显著影响。

（2）H2：主观规范（SN）对农地整理项目农民参与行为意向（BI）有显著影响。

（3）H3：行为控制知觉（PBC）对农地整理项目农民参与行为意向（BI）有显著影响。

（4）H4：行为控制知觉（PBC）对行为态度（AB）有显著影响。

（5）H5：主观规范（SN）对行为控制知觉（PBC）有显著影响。

（6）H6：行为态度（AB）在行为控制知觉（PBC）对农地整理项目农民参与行为意向（BI）影响过程中起中介作用。

（7）H7：行为控制知觉（PBC）在主观规范（SN）对农地整理项目农民参与行为意向（BI）影响过程中起中介作用。

3.3　数据分析与实证检验

3.3.1　数 据 分 析

1. 样本数量

相关研究表明，实证分析需要的最小样本数量受到数据分布特征、模型允许误差、参数估计个数与方法等因素的影响。一般来讲，极大似然估计法需要的样本数量较大，样本数量大于 200 份，才能得到比较稳定的 SEM 结果。也有学者认为，当样本数量为所估计参数个数的 5 倍以上时，才能得到较好的估计结果。目前，多数学者采用如下标准：样本数量达到估计参数 10 倍以上（吴九兴，2012）。

本书中，与农民参与行为意向有关的问题数量为 24 份，按上述标准，样本数量应大于 240 份。本章采用第 2 章第一次问卷调查所得到的 390 份有效问卷数据，所以样本数量能够满足参数估计和模型拟合的要求。

2. 数据检验

1）测量变量的描述性统计分析

本书采用利克特量表法，对行为态度、主观规范、行为控制知觉和行为意向这些潜在变量进行测量。其具体方法是：在农户问卷中设置"完全不同意""不同意""不一定""同意""完全同意"这五种选项，对这五种选项的回答分别赋值为 1、2、3、4、5。变量测量结果，详见表 3.1。

表 3.1　农民参与行为调查问卷测量变量的描述性统计

因子	编号	测量变量	均值	标准差
	AB1	优化设计方案	9.81	4.58
行为态度	AB2	改进设施质量	9.17	4.34
	AB3	减少政府腐败	7.96	4.07

因子	编号	测量变量	均值	标准差
行为态度	AB4	减少村干部谋私	7.97	4.24
	AB5	降低生产成本	8.36	3.91
	AB6	提升产出效益	9.26	4.31
	AB7	增加村庄归属感	9.82	4.75
	AB8	增加知识和价值	9.16	4.69
	AB9	生产结构调整	7.34	3.84
主观规范	SN1	家人认为应参与	11.27	5.13
	SN2	朋友认为应参与	8.47	4.26
	SN3	邻居认为应参与	7.92	3.91
	SN4	村委会认为应参与	8.23	4.87
	SN5	乡镇政府认为应参与	6.77	4.01
	SN6	国土管理部门认为应参与	5.80	3.37
行为控制知觉	PBC1	专业知识缺乏，阻碍参与	8.83	5.16
	PBC2	交通费用支出，阻碍参与	5.06	3.87
	PBC3	信息不公开，阻碍参与	16.46	6.14
	PBC4	参与政策缺乏，阻碍参与	15.74	6.02
	PBC5	耕地数量越多，促进参与	8.64	4.54
	PBC6	耕地质量越差，促进参与	8.26	4.25
行为意向	BI1	若村里大多数人参与，本人愿意参与	4.03	0.82
	BI2	若能租种更多耕地，本人愿意参与	4.03	0.82
	BI3	若能增加收入，本人愿意参与	4.10	0.80

2）信度和效度检验

一般用克龙巴赫·α系数（Cronbach's α coefficient）来检验问卷信度。当克龙巴赫·α系数大于0.5时，问卷信度良好；如果因提出共同系数较小的题项后，克龙巴赫·α系数增加，就应删除此题项。本书数据的克龙巴赫·α系数为0.835，说明问卷信度较高。

本书采用因子分析法的"荷载"来检验观察变量的收敛效度和区别效度。一般而言，若因子荷载值大于0.5，则收敛效度高；若共同因子荷载值大于0.5，则区别效度高。本书的样本数据检验结果表明显示，"主观规范""行为态度"中的所有观察变量的因子荷载值均大于0.5；"行为控制知觉"中两个观察变量，"交通费用支出，阻碍参与"和"专业知识缺乏，阻碍参与"的共同因子荷载值分别为0.346和0.426，"行为意向"中的"若村里大多数人参与，本人愿意参与"这一观察变量的因子荷载值为0.450，因此删除以上三个观察变量。这三个观察变量删除后，收敛效度和区别效度均有所增加。

3）因子分析

将观察变量的公共因于做如下处理："优化设计与施工""抑制腐败与调整结构""效益提升与能力培养"作为行为态度的因子；"内部规范""外部规范"作为主观规范的因子；

"资源特征""政策信息"作为行为控制知觉的因子。对 19 个观察变量进行 KMO 检验, 其检验值为 0.848, Bartlett 球形度检验的卡方统计值为 3 332.397, 其显著水平为 0.000, 适宜做因子分析, 结果见表 3.2。从表 3.2 可以看出, 7 个公共因子的累计贡献率达到 74.020%, 这说明上述 7 个公共因子可以解释 74.020%的观察变量。

表 3.2　农地整理项目农民参与行为意向因素因子荷载

公共因子	观察变量	荷载	贡献率/%	累计贡献率/%
抑制腐败与调整结构	AB3	0.678		
	AB4	0.660		
	AB5	0.569	32.502	32.502
	AB9	0.578		
优化设计与施工	AB1	0.568	4.575	37.077
	AB2	0.629		
效益提升与能力培养	AB6	0.613		
	AB7	0.601	4.322	41.399
	AB8	0.615		
外部规范	SN4	0.736		
	SN5	0.784	5.694	47.093
	SN6	0.571		
内部规范	SN1	0.662		
	SN2	0.813	11.991	59.084
	SN3	0.747		
资源特征	PBC5	0.576	8.042	67.126
	PBC6	0.645		
政策信息	PBC3	0.708	6.894	74.020
	PBC4	0.685		
行为意向	BI2	0.821	67.449	67.449
	BI3	0.821		

对行为意向中的观察变量进行 KMO 检验。结果表明, KMO 检验值为 0.500, Bartlett 球形度检验的卡方统计值为 49.674, 显著水平为 0.000, 这意味着行为意向中的观察变量适宜做因子分析。采取限定抽取公共因子法对参与行为意向进行因子分析, 因子数量为 1, 因子累计贡献率为 67.449%。

3.3.2　实证检验

行为态度 (AB)、主观规范 (SN)、行为控制知觉 (PBC) 和行为意向 (BI) 都是潜在变量, 将这些潜在变量的各题项分值加和, 就可以得到这些潜在变量的整体支持度。表 3.3 显示, 行为态度 (AB)、主观规范 (SN)、行为控制知觉 (PBC)、行为意向 (BI) 的整体支持度平均值分别为 79、48、49 和 8, 偏度分别为 0.72、0.48、−0.03 和−0.54, 峰度分别为 0.18、−0.30、0.46 和 0.20。这表示 AB、SN、PBC、BI 的整体支持符合正态分布，以上潜在变量满足极大似然法的要求。

表 3.3　潜在变量整体支持的描述性分析

变量	最大值	最小值	平均值	标准差	偏度	峰度
行为态度	168	30	79	27.98	0.72	0.18
主观规范	108	15	48	18.32	0.48	−0.30
行为控制知觉	90	15	49	12.08	−0.03	0.46
行为意向	10	4	8	1.33	−0.54	0.20

注：有效问卷为 390 份。在运用结构方程模型进行估计时，要求变量具有正态分布特征，但有效样本中有 5 户为种田大户，承包耕地面积超过 40 亩[①]，个别户达到 65 亩，所以在使用结构方程模型时删除了这 5 份样本，剩余有效问卷为 385 份

　　由于理论模型涉及测量变量和潜在变量，潜在变量又包含外因潜在变量和内因潜在变量，因此，采用结构方程模型以实现路径系数估计和检验。根据 t 规则，结构模型有 21 个外因观察变量 (p)，3 个内因观察变量 (q)，因而 $\frac{1}{2}(p+q)(p+q+1)=300$，模型中有待估计的路径系数 21 个，待估计的相关系数 19 个，待估计的方差 28 个，总计需估计参数 68 个，而 $t=68<300$，自由度 $\mathrm{df}=300-68=232$，表示该模型是过渡识别模型。运用 AMOS 18.0 软件对 385 份有效样本数据进行分析（删除异常样本 5 份），得到结构方程模型的估计结果，如图 3.4 所示（吴九兴等，2014）。

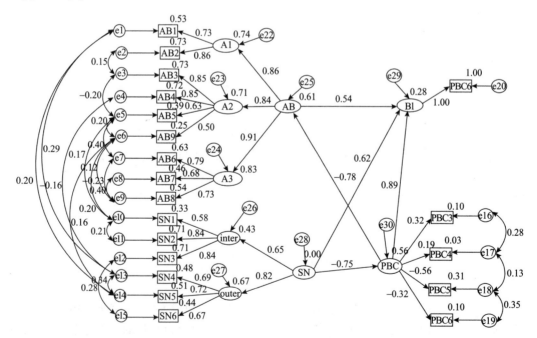

图 3.4　基于计划行为理论的农民参与行为意向得到的结构方程模型估计结果

---

① 1 亩≈666.7 m²

一般来说，预设理论模型的估计结果是否可以接受，一方面取决于预设理论模型本身是否科学合理，另一方面取决于样本大小和数据质量。在验证性因素分析中，通常采用卡方值 χ^2、显著性概率 P、卡方自由度比（χ^2/df）来表示理论模型与实证数据是否契合。但是，必须指出卡方值与样本数大小有紧密关系，样本小则卡方值也小，样本大则卡方值也大，导致在样本越大时反而拒绝虚无假设。因此，在样本大的情况下，还需考虑其他适配度指标，如 NFI（规准适配指数）、CFI（比较适配指数）、GFI（适配度指数）、AGFI（调整后适配度指数）和 RMSEA（残差均方和平方根）。实证估计结果显示，预设理论模型的估计结果的适配指标较好（表 3.4）。从结构模型的拟合指数看，CFI 为 0.939，GFI 为 0.924，AGFI 为 0.887，表明模型的绝对适配指标基本达到临界要求；规准适配指数 NFI 为 0.899，接近 0.9，而最重要的适配指标 RMSEA 为 0.059，小于 0.08，表明模型与实证数据合理适配。

表 3.4　结构模型的拟合指数

拟合优度指标	df	χ^2	P	NFI	CFI	GFI	AGFI	RMSEA
实际指标值	142	332.446	0.090	0.899	0.939	0.924	0.887	0.059

注：有效样本 385 份

路径系数估计结果（表 3.5）表明，主观规范（SN）在 1% 的水平下对行为控制知觉（PBC）有显著影响，其标准化系数为 -0.750，即行为控制知觉中的消极性因素占据上风，与农民所感知到的外部规范因素负相关。例如，地方政府部门如果不主张让过多的农民参与，那么这种主张就成为阻碍农民参与的重要因素。行为控制知觉（PBC）在 0.1% 的水平下显著影响农民参与行为态度（AB），其标准回归系数为 -0.784，说明农民感知到的限制参与的因素越多，农民参与的态度就越弱。行为控制知觉（PBC）、主观规范（SN）、行为态度（AB）分别在 5%、1%、5% 的水平下显著影响农民参与的行为意向（BI），其标准化系数分别为 0.895、0.615、0.537。PBC3 与 PBC、PBC6 与 PBC 的标准化系数小于 0.5，分别为 0.318 和 -0.317，但都通过了显著性检验。因此，有理由认为理论假说 H1、H2、H3、H4、H5 得到足够支持，理论假说检验通过。从行为意向（BI）的方差来看，行为态度（AB）、主观规范（SN）和行为控制知觉（PBC）三个变量可以解释农民参与行为意向（BI）的 28% 方差变化。

表 3.5　基于计划行为理论的路径系数估计结果

路径	非标准化系数	T	标准化系数	标号
PBC←SN	-0.770***	-4.046	-0.750	W19
AB←PBC	-1.143***	-4.545	-0.784	W20
A1←AB	1		0.862	
A2←AB	1.026***	10.980	0.843	W7
inter←SN	1		0.654	
outer←SN	1.452***	5.728	0.820	W12
BI←PBC	0.375*	2.327	0.895	W16

路径	非标准化系数	T	标准化系数	标号
BI←SN	0.265**	2.627	0.615	W17
BI←AB	0.154*	2.561	0.537	W18
A3←AB	1.094***	10.748	0.909	W21
AB1←A1	1		0.729	
AB2←A1	1.123***	13.470	0.855	W1
AB3←A2	1		0.852	
AB4←A2	1.047***	17.728	0.851	W2
AB6←A3	1		0.795	
AB7←A3	0.941***	11.842	0.679	W3
AB5←A2	0.697***	11.777	0.626	W4
AB9←A2	0.552***	9.927	0.500	W5
AB8←A3	1***	11.782	0.733	W6
SN1←inter	1		0.577	
SN2←inter	1.231***	12.058	0.840	W8
SN3←inter	1.130***	8.445	0.841	W9
SN4←outer	1		0.694	
SN5←outer	0.838***	12.962	0.717	W10
SN6←outer	0.668***	7.903	0.667	W11
PBC3←PBC	1		0.318	
PBC4←PBC	0.571**	2.996	0.185	W13
PBC5←PBC	−1.294***	−4.768	−0.559	W14
PBC6←PBC	−0.690***	−3.754	−0.317	W15
BI2←BI	1		1	

注：*表示 $P<5\%$；**表示 $P<1\%$；***表示 $P<0.1\%$。

关于假说 H6 和 H7，即中介变量的作用可以借助逐步回归方法进行检验。针对假说 H6，首先，利用行为态度（AB）对行为控制知觉（PBC）做回归分析，得到结果（表 3.6）。表 3.6 显示，行为控制知觉（PBC）对行为态度（AB）没有显著影响，其标准化系数都很小，为 0.045。其次，对行为控制知觉（PBC）和行为意向（BI）做回归分析，结果表明回归系数在统计上不显著，其 T-统计量为 0.529，标准化系数为 0.027（表 3.7）。最后，利用行为意向（BI）对行为控制知觉（PBC）、行为态度（AB）做回归分析，结果见表 3.8。表 3.8 显示，行为态度（AB）在 0.1% 的水平下显著影响行为意向（BI），行为控制知觉（PBC）对行为意向（BI）的影响不显著。比较表 3.6～表 3.8 可以发现，行为控制知觉（PBC）的标准化系数下降，显著性水平也在下降。因此，可以认为中介变量起到完全的中介作用，假说 H6 得到支持，通过检验。

表 3.6　行为态度对行为控制知觉的回归结果

变量	非标准化系数		标准化系数	T-统计量	显著性水平
	B	标准误差	Beta		
C	73.718	5.978		12.332	0.000
行为控制知觉	0.104	0.118	0.045	0.883	0.378

注：因变量为行为态度

表 3.7　行为意向对行为控制知觉的回归结果

变量	非标准化系数		标准化系数	T-统计量	显著性水平
	B	标准误差	Beta		
C	3.944	0.175		22.567	0.000
行为控制知觉	0.002	0.003	0.027	0.529	0.597

注：因变量为行为意向

表 3.8　行为意向对行为控制知觉和行为态度的回归结果

变量	非标准化系数		标准化系数	T-统计量	显著性水平
	B	标准误差	Beta		
C	3.562	0.204		17.497	0.000
行为控制知觉	0.001	0.003	0.019	0.378	0.706
行为态度	0.005	0.001	0.177	3.522	0.000

注：因变量为行为意向

针对假说 H7，同样通过逐步回归分析来检验。首先，利用行为控制知觉（PBC）对主观规范（SN）做回归分析，得到结果见表 3.9。从表 3.9 可知，个人内部规范和社会外部规范对行为控制知觉（PBC）具有显著影响，其显著性水平分别为 0.1% 和 5%，标准化系数分别为 0.199 和 -0.132。其次，利用行为意向（BI）对主观规范（SN）做回归分析，得到结果见表 3.10。从表 3.10 可知，个人内部规范和社会外部规范在 5% 的水平下对行为意向（BI）具有显著影响，其标准化系数分别为 0.127 和 0.112。最后，利用行为意向（BI）对行为控制知觉（PBC）、主观规范（SN）做回归分析，得到结果见表 3.11。从表 3.11 可知，主观规范（SN）对行为意向（BI）具有显著的影响，但在加入"行为控制知觉（PBC）"中介变量后，其显著性水平稍有降低，但行为控制知觉（PBC）对行为意向（BI）的影响仍不显著。基于三次回归分析结果，可以认为中介变量行为控制知觉（PBC）起到完全的中介作用，假说 H7 得到支持，通过检验。

表 3.9 行为控制知觉对主观规范的回归结果

变量	非标准化系数		标准化系数	T-统计量	显著性水平
	B	标准误差	Beta		
C	46.492	1.727		26.917	0.000
社会外部规范	−0.156	0.066	−0.132	−2.374	0.018
个人内部规范	0.212	0.059	0.199	3.575	0.000

注：因变量为行为控制知觉

表 3.10 行为意向对主观规范的回归结果

变量	非标准化系数		标准化系数	T-统计量	显著性水平
	B	标准误差	Beta		
C	3.595	0.116		30.874	0.000
社会外部规范	0.009	0.004	0.112	2.012	0.045
个人内部规范	0.009	0.004	0.127	2.287	0.023

注：因变量为行为意向

表 3.11 行为意向对行为控制知觉、主观规范的回归结果

变量	非标准化系数		标准化系数	T-统计量	显著性水平
	B	标准误差	Beta		
C	3.549	0.198		17.886	0.000
社会外部规范	0.009	0.004	0.114	2.030	0.043
个人内部规范	0.009	0.004	0.124	2.195	0.029
行为控制知觉	0.001	0.003	0.015	0.287	0.775

注：因变量为行为意向

3.4 农地整理项目农民参与机制的目标与总体架构

3.4.1 农地整理项目农民参与机制的目标

1. 农民能够顺畅地表达权益

使农民权益顺畅表达，是保护农民权益的前提条件。在农地整理各个阶段，都涉及农民权益问题，所以农民权益顺畅表达就体现在农地整理全过程。例如，在项目可行性研究阶段，农民参与实地踏勘工作，针对可行性研究方案提出意见和建议；在项目规划设计阶段，农民配合规划设计及预算机构对项目区进行全面考察，参与规划设计方案的编制；在项目施工建设阶段，农民参与项目施工和项目监督；在项目后期管护阶段，农民参与投工投劳和后期管护监督。

农民权益畅通表达对构建和谐社会具有重要意义。当前，国内各种利益矛盾突出，不和谐对社会稳定产生负面影响，而和谐社会建设的重点和难点都在农村（赵晓霞 等，2011；高乃云，2010）。社会利益结构间的不同步性和不均衡性，导致社会矛盾更加复杂，只有通过构建有序的权益表达渠道，才可以使各个利益主体的关系更加规范和协调（周多刚 等，2007；王春福，2006）。在农地整理项目实施过程中，让农民充分表达自己的权益诉求，对项目的顺利实施、农民权益的保障、项目质量的提高、农村社区的和谐稳定具有十分重要的意义。

2. 提高农民参与程度

制度建设是为了保障农民参与的机会，提高农民参与的程度。王瑷玲等（2008）和赵谦（2011）认为，目前农地整理项目农民参与程度并不高，参与的人员主要是村组干部，普通农民参与较少。目前虽然出台了许多公众参与的制度，然而参与渠道不畅通，缺少可操作性，权益诉求得不到落实，极大地挫伤了公众参与的热情（中央编译局比较政治与经济研究中心等，2009）。因此，构建农地整理项目农民参与机制，就是要提高农民参与程度。

3. 提高农民参与决策的水平

从利益相关者理论来看，农地整理实质上是协调土地权益人的利益冲突，因此，农地整理必须有农民参与，特别是决策环节。有研究指出，重视农民参与具有重要的政治民主和实践价值（戴昌桥，2010；马晓春，2006）。毛璐等（2008）指出要加强立法，赋予公众参与的权利，从"被动参与"向"主动参与"、从"要我干"向"我要干"的转变，无疑凸显了公众的公民意识和主体认识。而目前农地整理项目实施模式是"自上而下"的模式，应转变为"自下而上"的模式，进而形成"上下结合"的农民参与决策的模式。

新公民参与理论更加强调直接民主，而不是精英主义的间接民主，要求准确地确定农民利益的代表主体，这是公众参与决策的关键所在。当农民成功参与时，这种参与给给政府部门带来一些实质性的益处（欧阳君君，2011；王骚 等，2007）。农民有效参与农地整理项目，可以保证项目工程质量，进而使农地整理政策赢得民心，促进农地整理事业可持续发展。但是，农民参与也可能增加项目实施过程中的谈判成本，产生所谓民主的效率损失问题，因为协调众多农民间的权益诉求需要花费较长的时间。因此，应创新农地整理的体制机制，提高农民参与效率和决策水平。

3.4.2　农地整理项目农民参与机制的总体架构

从目前农地整理的现状来看，急需建立如下几方面的农民参与机制。

（1）农民权益表达机制。在农地整理项目实施过程中，相关利益主体之间存在一定的利益矛盾。农民是农地整理中重要的产权主体和受益者，若农民不能顺利地表达自身权益，农地整理就会迷失方向而走向群众的对立面（吴九兴 等，2014）。因此，研究农民权益表达机制，以保护农民权益是非常重要的。

（2）农民利益损失补偿机制。在农地整理项目施工建设中，不可避免地会出现田块被分割、耕地被侵占、青苗被损毁、祖坟被迁移等现象，给部分农民带来损失。若对这些利益受损农民不给予补偿，不仅会影响项目的正常实施，而且会造成民怨和民愤，影响社会和谐稳定。因此，要建立切合实际的利益补偿机制，使上述利益遭到损失的农民得到适当补偿。

（3）农民参与评价机制。现行的农地整理评价基本上是政府有关部门主导的专家型评价，农户意见往往被忽视，致使农民参与走形式。因此，要发挥农民参与应有的作用，作为项目最终受益者的农民，应真正参与到项目各项评价中，最终建立政府有关部门指导、农民主导的农地整理项目评价机制。

（4）农民监督机制。所谓监督，是指一个主体对另一个主体的行为进行监察与督促。当前，农地整理项目施工建设阶段普遍实行监理制度，虽然起到了一定的作用，但是作用还不是很明显。有学者认为，其原因主要是目前的监理制度还不完善，监理单位与施工单位存在合谋的机会主义倾向（吴诗嫚 等，2015）。因此，要建立农地整理项目农民监督机制，让农民参与到工程施工建设监督中，使专业监理、政府监督和社会监督有机结合起来，提高工程监督的效果。

（5）农民出资机制。农民出资机制是指在目前以政府财政资金为主要来源的农地整理过程中，吸引农民出资投劳，这不仅符合国家有关土地整理的融资政策要求，而且能促使农民转变观念，从一个被动的旁观者转变为一个积极主动的农地整理参与者。有学者通过调查研究认为，一些地方的农民对农地整理有一定的出资意愿（赵谦，2011）。但是，让所有农民都出资用于项目工程建设，目前条件还不具备。因此，本书只探讨农地整理项目后期管护阶段的农民出资问题。

3.5　本章小结

本章采用计划行为理论和结构方程模型方法，对影响农地整理项目农民参与行为的因素与路径进行了探讨，构建了农民参与机制的总体架构，具体内容如下。

（1）基于计划行为理论，提出了农地整理项目农民参与行为的七个研究假说：行为态度对农地整理项目农民参与行为意向有显著影响；主观规范对农地整理项目农民参与行为意向有显著影响；行为控制知觉对农地整理项目农民参与行为意向有显著影响；行为控制知觉对行为态度有显著影响；主观规范对行为控制知觉有显著影响；行为态度在行为控制知觉对行为意向影响过程中起中介作用；行为控制知觉在主观规范对行为意向影响过程中起中介作用。

（2）利用农户问卷调查数据，采用分层回归分析方法，对上述研究假说进行验证，得到如下研究结果：规范信念、控制信念、行为控制知觉在 1% 的显著性水平上影响农民参与行为意向；顺从动机、感知强度、主观规范在 5% 的显著性水平上影响农民参与行为意向；行为态度在 10% 的显著性水平上影响农民参与行为意向，而行为信念、行为结果评估对农民参与行为意向没有显著影响；农户特征变量对农民参与行为意向的影响不显著。

（3）在分析农地整理项目农民参与行为机理的基础上，明确了农地整理项目农民参与机制的运行目标，提出了农地整理项目农民参与机制的总体架构。现阶段，农地整理项目农民参与机制，应以畅通农民权益表达、提高农民参与程度、提高农民参与决策水平为运行目标。目前，急需建立以农民权益表达机制、农民利益补偿机制、农民参与评价机制、农民监督机制、农民出资机制为主要内容的农民参与机制。

第 4 章　农地整理过程中农民权益诉求与表达机制

4.1　农地整理过程中农民权益诉求

4.1.1　农民权益诉求及其衡量指标体系

1. 农民权益

权益是公民受法律保护的权利和利益，农民权益是农村居民作为社会成员、国家公民应享有的权利，以及这些权利在法律上的反映、体现和实现程度（常潞炜，2010）。农民权益的表现形式多种多样，不同学者的观点稍有不同。邱云生（2006）认为，作为城市弱势群体之一的农民工群体，其权益主要包括政治权、劳动和职业选择权、劳动报酬权、休息权、社会保障权、子女受教育权、生命健康权、人格尊严权。宋才发（2009）认为，农民土地权益是指农民围绕土地所产生的并且应当享有的一系列民主权利与获得物质权益的总称。常潞炜（2010）认为，农民权益包括经济权益、社会文化权益、政治权益，这些权益在法律上表现为经济权利、社会文化权利、政治权利。吴志刚（2012）认为，农民土地权益是农民基于土地所享有的权益，而不是农民享有的土地权益，它不仅包括农民土地经济权益、土地政治权益、土地社会权益和土地文化权益等实体权益，还包括农民土地程序权益。

因此，本书将农民权益定义如下：农民作为公民所享有的受法律保护的权益，包括经济、政治、社会文化和生态环境权益等。

2. 农地整理过程中农民权益诉求

利益诉求是相关利益主体为了满足某种现实的需要或为自己争取权利,而与国家或公权力发生关系的一种形式(高绪海,2013)。利益诉求的核心意义在于通过影响国家或相关公权力主体制定或执行相关政策,从而达到社会资源按照利益主体所希望的方向分配(高绪海,2013;郑涛,2012)。

农地整理过程中,农民的权益是在农地整理项目实施过程中所产生的、农民应享有的所有权益,包括经济、政治、社会文化与生态环境等方面的权益。农地整理过程中农民的权益诉求,是指在农地整理项目实施过程中农民为了争取应享有的所有权益而与公权力发生关系的一种形式,其核心在于通过影响公权力主体制定或执行有关政策,从而使农地整理这一社会资源按照农民所期待的方向分配。本书将农地整理过程中农民权益诉求分为经济权益诉求、政治权益诉求、社会文化权益诉求和生态环境权益诉求四个方面(杨钢桥 等,2016)。

3. 农民权益诉求的衡量指标体系

农地整理过程中农民经济权益诉求是农民基于农地整理项目所产生的经济方面的需要,主要体现在农民对提高农产品产量、调整农业生产结构、转变农业生产方式、获得劳动报酬、获得经济损失补偿和获得更高的农地出租收入的经济权益诉求;农地整理过程中农民政治权益诉求是农民基于农地整理项目所产生的民主政治方面的需要,主要体现在农民对项目信息公开、项目民主决策、项目民主管理和项目民主监督的政治权益诉求;农地整理过程中农民社会文化权益诉求是农民基于农地整理项目所产生的社会文化方面的需要,主要体现在农民对和谐农村社区、丰富农村文化生活和提升农民在社区地位和价值的社会文化权益诉求;农地整理过程中生态环境权益诉求是农民基于农地整理项目所产生的生态环境方面的需要,主要体现在农民对改善村庄内部生活环境、保护农业生产环境、节约土地资源和水资源的生态环境权益诉求(杨钢桥 等,2016),详见表4.1。

表 4.1 农地整理过程中农民权益诉求衡量指标及含义

目标层 A	准则层 B	指标层 C	含义
农地整理过程中农民权益实现程度	经济权益诉求 B_1	提高农产品产量 C_1	农地整理能提高粮食作物或经济作物的产量
		调整农业生产结构 C_2	农地整理能改善农业生产条件,发展优质高效农产品,获得更高的收益
		转变农业生产方式 C_3	农地整理能促进农业生产规模化和机械化
		获得劳动报酬 C_4	参与农地整理项目施工以获得劳动报酬
		获得经济损失补偿 C_5	因农地整理项目施工建设导致承包地、青苗及房屋等损失而得到补偿
		获得更高的农地出租收入 C_6	整理能降低农地细碎化程度,提升质量,需求者愿意出更高价格转入整理后的农地
	政治权益诉求 B_2	项目信息公开 C_7	政府及有关部门公开农地整理政策及项目信息
		项目民主决策 C_8	政府及有关部门让农民参与农地整理项目规划设计方案和权属调整方案制定等有关决策过程

目标层 A	准则层 B	指标层 C	含义
农地整理过程中农民权益实现程度	政治权益诉求 B_2	项目民主管理 C_9	政府及有关部门让农民参与到农地整理项目的施工监督
		项目民主监督 C_{10}	政府及有关部门让农民参与到农地整理项目的后期管护活动
	社会文化权益诉求 B_3	和谐农村社区 C_{11}	农地整理能解决农村用地纠纷和用水纠纷，以促进和谐农村社区建设
		丰富农村文化生活 C_{12}	农地整理能促进村庄内部文体活动场所建设，以丰富农村文化生活
		提升农民在社区地位和价值 C_{13}	农民参与农地整理，可以提升其在农村社区的社会地位，获得他人尊重和认同
	生态环境权益诉求 B_4	改善村庄内部生活环境 C_{14}	通过整理村庄内部的道路、塘堰、水沟、垃圾、厕所等，改善村庄内部环境
		保护农业生产环境 C_{15}	通过农地整理工程，解决洪涝、干旱、水土流失等影响农业生产环境的问题
		节约土地资源 C_{16}	通过整理"空心村"、"小田并大田"等措施，提高土地利用率，增加耕地面积
		节约水资源 C_{17}	通过采取渠道硬化防渗、喷微灌技术等，达到节约水资源的目的

4. 研究假说

马斯诺的需求层次理论认为，人的需求从低到高按层次分为五种：生理需求、安全需求、社交需求、尊重需求和自我实现需求。一般来讲，某一层次需求得到满足后，就会产生较高层次的需求，但是较低层次的需求并不会消失，各层次需求存在彼此依存的关系。生理需求和安全需求是物质层面的需求，社交需求、尊重需求和自我实现需求是精神层面的需求。在发展中国家，生理需求和安全需求占主导的人数比例较大，社交需求、尊重需求和自我实现需求占主导的人数比例较小。农地整理过程中农民对经济权益的诉求是较低层次的需求，只有农民的经济权益诉求得到一定程度的满足后，政治权益诉求、社会文化权益诉求和生态环境权益诉求才会产生。因此，本书提出研究假说Ⅰ：在农地整理过程中农民各项权益诉求呈现一定的差异性，即经济权益诉求占据主导地位，政治权益诉求、社会文化权益诉求和生态环境权益诉求处于次要地位。

已有研究发现，由于经济实力等存在差异，不同类型农户对土地的依赖程度不同，其生产经营目标与经营方向不同，行为决策也会不同（陈成文 等，2008；欧阳进良 等，2004）。一般来讲，因为农业生产的比较利益较低，家庭非农收入比例越高的农户，对农业的依赖程度越低，经济实力越强，对较高层次的需求就越强。因此，本书提出研究假说Ⅱ：在农地整理过程中，不同类型农户的权益诉求具有一定的差异性，即家庭非农收入比例较低的农户，经济权益诉求处于主导地位，政治、社会文化和生态环境权益诉求占据次要地位；随着家庭非农收入比例逐步上升，农户经济权益诉求的主导地位将逐步下降，政治、社会文化和生态环境权益诉求的次要地位将逐步上升（杨钢桥 等，2016）。

4.1.2　农民权益诉求的实证分析

1. 调查区域与样本数据

1）调查区域选择

《全国土地整治规划（2011～2015 年）》明确提出，今后土地整治的重点是大规模建设旱涝保收高标准基本农田，土地整治资金将集中投向粮食主产区的土地整治重大工程和农村土地整治示范工程。湖南省和湖北省作为中国中部重要的粮食主产区，近年来已实施了一批土地整理重大工程和示范项目，对保障国家粮食安全起到了非常重要的作用。湖南省和湖北省自然状况、社会经济状况和农业生产结构比较相似。

本章选择环洞庭湖区、娄邵盆地区、鄂东示范区作为研究区域。在环洞庭湖区选择岳阳市华容县、岳阳市君山区、岳阳市湘阴县，在娄邵盆地区选择娄底市双峰县、邵阳市邵东县、邵阳市隆回县，在鄂东示范区选择黄冈市罗田县、黄冈市英山县、黄冈市溪水县、黄冈市蕲春县作为本次调查区域；在上述每个县（区）随机选取 2 个近期竣工的农地整理项目区，共选择 20 个农地整理项目区开展农户问卷调查。

2）调查区域概况

湖南省环洞庭湖区、娄邵盆地区和湖北省鄂东示范区农地整理项目基本情况见表 4.2～表 4.4。

表 4.2　环洞庭湖区农地整理项目概况

项目名称	建设规模/hm²	投资规模/元	开工时间	竣工时间
华容县团洲乡、幸福乡土地综合整理项目	2 632.79	8.35×10^7	2011.09	2012.09
华容县插旗镇、幸福乡土地综合整理项目	2 274.04	6.91×10^7	2012.09	2013.09
君山区良心堡、钱粮湖镇土地综合整理项目	1 820.04	5.91×10^7	2011.05	2012.04
君山区良心堡、钱粮湖镇土地综合整理项目	1 999.38	6.19×10^7	2012.05	2013.04
湘阴县白泥湖等三个镇土地综合整理项目	3 673.21	11.64×10^7	2011.05	2012.04
湘阴县南湖洲镇等二个乡镇土地综合整理项目	3 375.39	10.61×10^7	2012.07	2013.06

表 4.3　娄邵盆地区农地整理项目概况

项目名称	建设规模/hm²	投资规模/元	开工时间	竣工时间
双峰县印塘乡等三个乡镇土地整理项目	393.45	1.16×10^7	2012.07	2013.06
双峰县杏子铺镇等两个镇土地整理项目	407.82	1.19×10^7	2012.07	2013.06
邵东县九龙岭镇白鹤村等九个村土地整理项目	310.69	0.89×10^7	2012.10	2013.03
邵东县简家陇乡堆头等六个村土地综合整理项目	325.31	0.95×10^7	2012.10	2013.03
隆回县南岳庙乡乔家等六个村土地综合整理项目	322.59	1.34×10^7	2012.07	2013.05
隆回县北山镇梅溪等七个村土地综合整理项目	328.66	1.72×10^7	2011.07	2012.06

表 4.4　鄂东示范区农地整理项目概况

项目名称	建设规模/hm²	投资规模/元	开工时间	竣工时间
蕲春县赤东镇基本农田土地整理项目	558.48	2.08×10^7	2008.10	2009.09
蕲春县张榜镇整体推进农村土地整理示范项目	2 866.67	6.6×10^7	2012.02	2013.02
浠水县蔡河整体推进村土地整理示范建设项目	5 000.00	10.6×10^7	2012.09	2013.12
浠水县汪岗镇等基本农田土地整理项目	1 612.18	3.25×10^7	2005.04	2006.03
罗田县三里畈镇双庙片土地整理项目	667.28	2.4×10^7	2012.10	2013.09
罗田县基本农田土地整理项目	667.88	2.02×10^7	2008.10	2009.09
英山县温泉镇等五个乡镇低丘岗地改造	803.14	2.41×10^7	2010.11	2011.12
英山县孔家坊乡基本农田土地整理项目	152.90	0.57×10^7	2008.11	2009.10

3）样本构成

2014 年 12 月 3 日，在武汉市江夏区法泗镇农地整理项目区进行预调查，采取随机抽样和访谈式问卷调查法。在预调查的基础上，于 2014 年 12 月 5 日～12 月 22 日，先后到上述区域进行正式调查。正式调查采用随机抽样方法，每个农地整理项目区随机发放 30～40 份农户问卷。

本次正式调查共发放农户问卷 670 份，获得 646 份有效问卷，有效问卷比率为 96.42%；其中环洞庭湖区为 210 份，娄邵盆地区为 194 份，鄂东示范区为 242 份，见表 4.5。

表 4.5　有效样本分布情况

调查地点			样本数/份	比例/%
环洞庭湖区	华容县	插旗镇	41	19.52
		幸福乡	22	10.48
	湘阴县	白泥湖镇	42	20.00
		湘滨镇	34	16.19
	君山区	良心堡镇	39	18.57
		钱粮湖镇	32	15.24
	小计		210	100.00
娄邵盆地区	双峰县	洪山殿镇	12	6.19
		永丰镇	27	13.92
		印塘乡	19	9.79
	邵东县	九龙岭镇	32	16.49
		简家陇乡	34	17.53
	隆回县	北山镇	37	19.07
		南岳庙乡	33	17.01
	小计		194	100.00
鄂东示范区	罗田县	凤山镇	33	13.64
		三里畈镇	37	15.29
	英山县	温泉镇	32	13.22
		孔家坊乡	31	12.81

续表

调查地点		样本数/份	比例/%
蕲春县	赤东镇	24	9.92
	张榜镇	34	14.05
浠水县	蔡河镇	28	11.57
	汪岗镇	23	9.50
鄂东示范区（小计）		242	100.00
合计		646	100.00

注：根据问卷整理得到

2. 农户类型划分

农户类型一般根据农户的兼业程度来划分，通常用非农收入占家庭总收入比例（简称非农收入比例）作为衡量指标。非农收入比例小于10%的农户为纯农户，非农收入比例为10%～50%的农户为兼业农户Ⅰ，非农收入比例为50%～90%的农户为兼业农户Ⅱ，非农收入比例大于90%的农户为非农户。据此计算得到，受访农户类型见表4.6。纯农户占受访农户比例为9.13%，兼业农户Ⅰ的比例为4.49%，兼业农户Ⅱ的比例为43.03%，非农户的比例为43.34%。兼业农户Ⅱ和非农户所占比例远大于纯农户和兼业农户Ⅰ所占比例之和。由此可见，在本次调查的区域内，农户兼业现象非常普遍，大多数农户以非农收入为主。

表4.6　农户类型划分统计表

农户类型	划分标准 非农收入比例/%	户数/户	比例/%
纯农户	0～10	59	9.13
兼业农户Ⅰ	10～50	29	4.49
兼业农户Ⅱ	50～90	278	43.03
非农户	90～100	280	43.34

3. 不同类型农户在准则层的权益诉求强度

在问卷中设计了以下的题项："在农地整治中，你看重哪些权益（可多选）：经济权益、政治权益、社会文化权益、生态环境权益？并根据重要性将其排序"。若受访农户选择了四项权益，按其重要性由低到高进行排序，依次赋分为1、2、3、4；若受访农户选择了三项权益，按其重要性由低到高进行排序，依次赋分为2、3、4；若受访农户选择了两项权益，按其重要性由低到高进行排序，依次赋分为3、4；若受访农户只选择了一项权益，则赋分为4。

农户权益诉求强度分值及比值的计算公式如下：

$$Y_{km} = \sum X_{ki} \times F_j, \quad Y_k = \sum Y_{km}, \quad S_{km} = Y_{km} \div Y_k \tag{4.1}$$

式中：Y_{km}表示某类农户某项权益诉求的强度分值；k表示农户类型；m表示权益诉求类型；

F_j 表示赋分值；X_{ki} 表示与某一赋分值相对应的农户数量；Y_k 表示某类农户权益诉求强度总分值；S_{km} 表示某类农户某项权益诉求强度比值。

表 4.7 显示，四类农户的权益诉求具有共同的特点：对经济权益的诉求强度最大，对政治权益的诉求强度位居第二位，对社会文化权益的诉求强度处于第三位，对生态环境权益的诉求强度最小，研究假说 I 得到证实。究其原因：首先，中国现阶段处于社会主义初级阶段，城乡二元结构的矛盾仍然比较突出，农村经济社会发展水平整体上比较落后，所以在农地整理中农民对经济权益的诉求强度处于第一位；其次，目前农地整理项目农民参与程度较低，社会监督体系尚未形成，农户权益被侵害的现象时有发生，所以农民对政治权益的诉求强度处于第二位；再次，目前所实施的农地整理项目，建设内容主要包括土地平整工程、田间道路工程、灌溉与排水工程，村庄整理工程和农田防护工程的建设内容相对较少，所以第三位的是社会文化权益诉求；最后，在本次调查的项目区中，一些行政村实施了村庄整治工程，加上有充足的水源，所以生态环境权益诉求处于末位。

表 4.7　农地整理过程中不同类型农户在准则层的权益诉求强度

权益诉求类型	权益诉求强度分值				权益诉求强度比值/%			
	纯农户	兼业农户 I	兼业农户 II	非农户	纯农户	兼业农户 I	兼业农户 II	非农户
经济权益诉求	221	108	1 094	1 032	57.55	52.68	50.84	48.31
政治权益诉求	61	38	397	439	15.89	18.54	18.45	20.55
社会文化权益诉求	53	33	385	388	13.80	16.10	17.89	18.16
生态环境权益诉求	49	26	276	277	12.76	12.68	12.83	12.97

纯农户的经济权益诉求最强烈，其诉求强度比值为 57.55%；兼业农户 I 的经济权益诉求位居第二位，其诉求强度比值为 52.68%；兼业农户 II 的经济权益诉求处于第三位，其诉求强度比值为 50.84%；非农户的经济权益诉求处于末位，其诉求强度比值为 48.31%。纯农户的政治权益诉求强度最弱，其强度比值为 15.89%；兼业农户 I 的政治权益诉求强度比值为 18.54%，兼业农户 II 的政治权益诉求强度比值为 18.45%，两者基本一致；非农户的政治权益诉求最强烈，其强度比值为 20.55%。纯农户的社会文化权益诉求强度最弱，其强度比值为 13.80%；兼业农户 I 的社会文化权益诉求强度比值为 16.10%，兼业农户 II 的社会文化权益诉求强度比值为 17.89%；非农户的社会文化权益诉求最强烈，其强度比值为 18.16%。纯农户与兼业农户 I、兼业农户 II、非农户的生态环境权益诉求强度基本一致，差距小于 0.3%；非农户的生态环境权益诉求最强烈，其强度比值为 12.97%。从此可以看出：从纯农户到兼业农户 I 再到兼业农户 II 最后到非农户，对经济权益的诉求强度逐渐下降，对政治权益、社会文化权益、生态环境权益的诉求强度逐渐上升。因此，上述研究假说 II 得到验证。这可能是因为，从纯农户到兼业农户 I 再到兼业农户 II 最后到非农户，对农业生产的依赖程度逐渐降低，非农收入比例逐渐增加，家庭收入水平也逐渐上升，低层次的需求逐渐减少，高层次的需求逐渐增加（杨钢桥 等，2016）。

4. 不同类型农户在指标层的权益诉求强度

采用上文有关权益诉求强度的计算方法，可以得到各类型农户在指标层的各项权益诉求强度，见表 4.8。四类农户的各项权益诉求强度虽存在差异，但仍表现一定的相似性。对于经济权益诉求，四类农户对调整农业生产结构、转变农业生产方式、提高农产品产量的诉求强度较高，对获得更高的农地出租收入、获得经济损失补偿、获得劳动报酬的诉求强度较低。其可能的原因是：第一，目前农田水利设施条件较差，抵御自然灾害的能力较低，农户非常期待农地整理能改变这一状况；第二，目前在家务农的劳动力大多是老人和妇女，他们期待通过农地整理，完善农村道路，降低细碎化程度，以便实行机械化作业，解决农业劳动力不足的问题；第三，目前农民较少参与项目施工建设，加之亲朋好友间的农地流转较多，农民对通过整治获得更高的农地出租收入、获得经济损失补偿、获得劳动报酬的诉求强度较低。

表 4.8　农地整理过程中不同类型农户在指标层的权益诉求强度

权益诉求类型	权益诉求衡量指标	权益诉求强度分值				权益诉求强度比值/%			
		纯农户	兼业农户 I	兼业农户 II	非农户	纯农户	兼业农户 I	兼业农户 II	非农户
经济权益诉求	提高农产品产量	265	139	1 456	1 369	36.70	36.29	41.40	39.62
	调整农业生产结构	205	105	842	846	28.39	27.42	23.94	24.49
	转变农业生产方式	178	82	992	1 005	24.65	21.41	28.21	29.09
	获得劳动报酬	14	18	48	72	1.94	4.70	1.36	2.08
	获得经济损失补偿	23	18	82	89	3.19	4.70	2.33	2.58
	获得更高的农地出租收入	37	21	97	74	5.12	5.48	2.76	2.14
政治权益诉求	项目信息公开	145	87	896	860	32.01	35.95	37.69	37.15
	项目民主决策	111	65	640	508	24.50	26.86	26.92	21.94
	项目民主管理	131	38	448	516	28.92	15.70	18.85	22.29
	项目民主监督	66	52	393	431	14.57	21.49	16.53	18.62
社会文化权益诉求	和谐农村社区	94	51	408	579	38.21	39.53	33.44	46.35
	丰富农村文化生活	130	63	627	577	52.85	48.84	51.39	46.51
	提升农民在农村社区的地位和价值	22	15	185	89	8.94	11.63	15.16	7.15
生态环境权益诉求	改善村庄内部生活环境	206	102	975	979	50.61	50.25	47.68	45.98
	保护农业生产环境	113	43	580	723	27.76	21.18	28.36	33.96
	节约土地资源	41	32	348	283	10.07	15.76	17.02	13.29
	节约水资源	47	26	142	144	11.55	12.81	6.94	6.76

对政治权益诉求而言，四类农户对项目信息公开的诉求强度最高，都高于30%；对农地

整理项目民主监督、民主管理、民主决策的诉求强度存在差异，但差异较小，大致在14%～29%。其可能的原因是：第一，农地整理项目信息公开，是实现其他权益的前提；第二，目前项目信息公开的程度较低，距离农民的要求还较大；第三，目前农民不太了解农地整理项目实施过程，以及有关民主管理与决策的具体步骤和内容。

对社会文化权益诉求来讲，所有农户对丰富农村文化生活的诉求强度最高，都大于46%；对和谐农村社区的诉求强度处于第二位，都在30%以上；对提升农民在农村社区的地位和价值的诉求强度最低，都小于16%。其可能的原因是：第一，目前农村文化体育设施缺乏，农村文化生活比较单调；第二，目前农业灌溉与排水设施不足，插花地比较普遍，使得农村用水与用地纠纷时有发生，农民普遍期待通过农地整理，能够解决此类问题；第三，目前农民参与程度较低，农民对参与村组公益活动以提高自我价值的认知程度还不高。

对于生态环境权益诉求，四类农户对改善村庄内部生活环境的诉求强度最高，都大于45%；对改善农业生产环境的诉求强度都在21%～34%，处于第二位；对节约土地资源、节约水资源的诉求强度都在18%以下，分别处于第三位和第四位。其可能的原因如下：第一，目前村庄内部生活环境普遍较差，农民普遍期待通过农地整理，改善村庄生活环境；第二，洪涝和干旱是调查区域内农业生产所面临的主要问题，农民希望通过农地整理，降低洪涝和干旱对农业生产的影响；第三，目前农民节约土地资源和水资源的观念不强（杨钢桥 等，2016）。

4.2　农地整理过程中农民权益表达机制

4.2.1　农民权益表达机制的概念

权益表达原意是指某阶层、某集团或某个人向政治体系提出政治要求的过程。王春福（2006）指出，权益表达是指社会各阶层人士，通过一定的渠道向执政党、政府和社会各级组织表达自身的权益诉求，以影响政府公共政策输出的过程。权益表达机制是由权益表达主体、权益表达客体、权益表达渠道构成的统一体（张惟英 等，2007；王春福，2006）。所谓农地整理过程中农民权益表达机制，是指在农地整理过程中权益表达主体通过一定的权益表达渠道向权益表达客体表达农民权益诉求的过程。

农地整理过程中农民权益表达的主体可以是农民个人，也可以是农村精英，还可以是农民组织[①]。在家庭分散经营的市场经济条件下，虽然个人最能代表自身利益，但个体表达权益存在如下缺陷：农民获取信息的途径较少，获取信息的能力有限；每个农民的权益诉求存在差异，有时该差异还较大，协调难度较大。在农地整理过程中，由代表农民利益的农民组织征求农民意见，化解村民矛盾，协调村民利益，形成相对一致的意见后，最终代表农民将

---

① 村民委员会作为农村自治性的行政组织，由于过去部分村干部的工作方式与态度存在问题，导致一些地方干群关系不太融洽甚至比较紧张. 一些地方农民反映，目前村委会不能真正代表农民来表达其利益诉求. 因此，这里将村委会界定为农民权益表达渠道，非农民权益表达主体

此意见向政府或政府有关部门表达。相对于农民个人表达，农民组织表达具有如下优点：成本低，影响大，效率高。

从广义上来讲，权益表达客体是指政府机关、司法机关、人大、政协机关和其他社会群体；从狭义上来看，权益表达客体是指依法对国家各项事务进行管理的各级政府机关。在制定农村公共政策和处理农村公共事务中，政府机关拥有绝对权力和作用，其他社会团体的作用相对而言是有限的。所以，本书将政府管理部门界定为农民权益表达客体[①]。

权益表达主体与客体之间的信息通道，就是权益表达渠道，它包括制度化与非制度化渠道。制度化渠道主要包括信访机构、听证会、村组干部、政协委员与人大代表等；非制度化渠道主要包括广播电视、报纸杂志、手机短信、微信微博等（王祥，2011；王文祥，2009）。

4.2.2　农民对权益表达机制的选择

1. 调查区域与样本数据概况

1）调查区域

本节选择位于湖北省岗前平原工程模式区的孝感市孝南区和汉川市，位于水网圩田工程模式区的仙桃市和监利县作为研究区域，每个县市随机选择 2～3 个农地整理项目区，共选择如下 12 个农地整理项目区作为调查区域：孝感市孝南区陡岗镇基本农田土地整理项目区，孝感市孝南区肖港镇基本农田土地整理项目区，孝感市孝南区新铺镇香稻基地基本农田土地整理项目区，孝感市汉川市田二河等两镇基本农田土地整理（血防）项目区，孝感市汉川市新堰镇基本农田土地整理（血防）项目区，仙桃市毛咀等两镇基本农田土地整理（血防）项目区，仙洪新农村建设试验区仙桃片张沟镇高效种养基地土地整理项目区，仙桃市杨林尾等两镇场基本农田土地整理项目区，荆州市监利县新沟镇永丰垸基本农田土地整理项目区，荆州市监利县毛市、分盐等镇基本农田土地整理（血防）项目区，荆州市监利县黄歇口镇等两镇基本农田土地整理项目区，荆州市监利县周老嘴与网市镇基本农田土地整理项目区。

2）样本数据概况

本节的农户问卷调查包括预调查和正式调查。课题组于 2013 年 1 月 10 日在鄂州市鄂城区杜山镇进行预调查，于 2013 年 1 月 13 日～1 月 19 日到上述农地整理项目区进行正式调查，采取随机抽样调查方法，每个项目区随机发放 30～40 份农户问卷。本次正式调查共发放农户问卷 380 份，收回 360 份有效问卷，有效率为 94.74%，见表 4.9。

表 4.9　有效样本分布情况

调查地点	样本数/份	比例/%
孝南区	97	26.94
汉川市	94	26.11

① 政府管理部门是政府的组成部分，这里未加以区分

续表

调查地点	样本数/份	比例/%
仙桃市	88	24.45
监利县	81	22.50
合计	360	100.00

注：根据问卷整理得到

2. 农民权益表达的总体情况

调查数据显示（表 4.10），49.44%的受访农民在农地整理过程中表达过意见，其余 50.56% 的受访农民则没有表达过意见。在没有表达意见的受访农民中，有意见但文化水平不高、不知道怎样表达的占 15.38%，没有时间表达的占了 19.78%；还有少部分农民存有"搭便车"的心理，他们认为即使自己不提，别人也会提，这是农地整理的公共物品属性所决定的；大多数农民（69.78%）不提意见的主要原因是：他们觉得即使提了意见也没有用，政府不会采纳农民的意见，这说明大多数农民的民主权利意识和维权意识较弱，产生了"自我轻视"的现象。虽然随着经济社会的不断发展，农民的权利意识逐渐觉醒，但由于实际生活中农民通过正规渠道进行权益表达时，一些地方政府"不作为"，甚至"乱作为"，严重挫伤了农民的参与热情，导致农民权益表达意识滞后（姚望，2009）。少数农民因为受文化水平的限制，权益表达能力较低，而没有进行权益表达（表 4.11）。

表 4.10　在农地整理过程中农民表达意见的情况

是否表达意见	是	否
比例/%	49.44	50.56

表 4.11　农民不表达意见的原因

原因	有意见，但文化水平不高，不知怎样表达	没有时间表达意见	表达意见没有用	自己不表达，也一定有别人去表达意见
比例/%	15.38	19.78	69.78	14.28

3. 农民对权益表达主体的选择

1）农民目前对权益表达主体的认知和选择

在农地整理过程中，目前农民可以选择的权益表达主体主要包括自己、农村精英和农民组织。调查显示，在农地整理过程中进行了权益表达的受访农民中，86.52%的受访者在有意见时选择自己作为权益表达主体，9.55%的受访农民选择了农村精英作为权益表达主体，仅有 3.93%的受访农民选择了农民组织作为权益表达主体（表 4.12）。在所调查的区域中，目前农民组织较少，仅有 7 个受访农民将"农民组织"选为权益表达主体。

表 4.12　农民目前对权益表达主体的选择

表达主体	农民自己	农村精英	农民组织	合计
比例/%	86.52	9.55	3.93	100.00

注：这里的农民组织是指农村经济组织

2）农民对未来权益表达主体的选择意愿

为了分析农民对权益表达主体的现实选择和期望选择的差异，为重构农民权益表达主体奠定基础，调查人员假定将来在农村成立了农民组织的情况下，询问农民对权益表达主体的选择情况。调查显示，33.09%的受访农民仍倾向于选择自己作为权益表达主体，愿意选择农民组织表达意见的农民占 44.70%，有 21.38%的受访农民愿意选择农村精英作为权益表达主体（表 4.13）。从此可以看出，农民对权益表达主体的现实选择和期望选择是存在差异的，在意愿选择中，近一半的农民将农民组织视为自己权益表达的理想主体，还有 20%以上农民选择农村精英作为自己权益表达的理想主体。

表 4.13　农民对未来权益表达主体的选择意愿

表达主体	将来也不表达	农民自己	农村精英	农民组织	合计
比例/%	0.83	33.09	21.38	44.70	100.00

调查问卷不仅包括农民对未来权益表达主体的选择意愿，还包括其选择意愿的原因。调查结果显示（表 4.14～表 4.16），未来农民愿意选择自己表达意见的主要原因是：农民认为自己最能代表自己的利益，对他人的信任程度较低，不太信任农民组织。未来农民愿意选择农村精英来表达自己意见的原因主要包括：农村精英一般由退休老干部、老教师、老党员等组成，其文化程度较高，受农民信赖和尊敬，农民愿意找他们反映情况。未来农民愿意选择农民组织来表达自己意见的原因主要是：第一，相对于单个农民而言，农民组织的力量更强，由农民组织表达诉求更能引起有关部门重视；第二，农民组织表达权益诉求，成本较低；第三，在实践中，一些农民组织确实维护了当地农民的权益。

表 4.14　农民将来选择"自己"表达权益的原因

原因	①	②	③	④
比例/%	48.28	21.18	15.27	15.27

注：①自己最能代表自己的利益；②社会复杂，对他人信任度降低；③农民组织不能代表农民利益；④农民组织带有较强的行政色彩，不能真正代表农民的利益

表 4.15　农民将来选择"农村精英"表达权益的原因

原因	①	②	③	④
比例/%	39.16	13.25	28.92	18.67

注：①信任农村精英；②自己没有时间和能力表达；③能够代表农民利益的组织没有形成；④农民组织带有较强的行政色彩，不能真正代表农民利益

表 4.16　农民将来选择"农民组织"表达权益的原因

原因	①	②	③	④	⑤
比例/%	0.00	5.64	17.84	53.52	23.00

注：①本村已经成立了农民组织；②本人是农民组织的成员，该组织得到了广大农民的认可；③农民组织在实践中，确实维护了农民权益；④组织表达的力量比单个农民强；⑤组织表达的成本由大家分摊，可以降低个人的成本

4. 农民对权益表达客体的选择

1）农民目前对权益表达客体的选择

调查结果显示（表 4.17），在目前农地整理过程中若有意见，农民更多地选择乡镇政府和县政府作为权益表达客体。其可能的原因是：无论是空间距离，还是心理距离，农民距乡镇政府最近，向乡镇政府表达权益成本最低。

表 4.17　农民目前选择的权益表达客体

表达客体	乡镇政府	县政府	地市政府	省政府	其他
比例/%	92.96	7.04	0.00	0.00	0.00

2）农民对未来权益表达客体的选择意愿

从农民对未来权益表达客体的选择意愿（表 4.18）可以看出，绝大多数农民（51.83%）未来还是选择乡镇政府作为权益表达客体，但选择地市政府和省政府作为权益表达客体的农民有了较大幅度的增长。究其原因，主要包括：一些乡镇干部认为，农地整理项目是财政投资项目，是政府为农民做好事，农民理应配合政府实施农地整理项目；个别地方政府官员在处理农地整理过程中有关农民权益诉求问题时，没有真正从农民利益出发，甚至采取不友好、不负责任的方式方法。

表 4.18　农民对未来权益表达客体的选择意愿

表达客体	乡镇政府	县政府	地市政府	省政府	其他
比例/%	51.83	13.38	8.90	5.76	23.03

5. 农民对权益表达渠道的选择

1）农民目前对权益表达渠道的选择

调查结果（表 4.19）显示，农地整理过程中农民目前选择的权益表达渠道主要是村委会和小组组长，选择村委会的受访农民所占比例为 50.00%，选择小组组长的受访农民占16.11%。农民选择村委会作为权益表达渠道的原因主要包括：村干部组织动员能力较强；距离较近，向村干部反映情况、表达诉求很方便；村干部有较好的表达能力，向政府反映情况效果较好。农民选择村民小组组长作为权益表达渠道的主要原因是：距离很近，向小组组长反映情况、表达诉求很方便；农民与小组组长的心理距离较近，沟通没有障碍。农民较少选择大众媒体、听证会、信访机构、人大代表作为权益表达渠道，选择政协委员作为权益表达

渠道的农民为零。调查中发现，在受访农民中，有 3 个农民（村干部）就是乡镇人大代表，他们曾经在乡镇人大代表会议上提过有关农地整理的问题，但是没有得到回应，之后也就没有再提过了；参加听证会的农民主要是村干部和小组组长，他们主要是应乡镇政府的邀请参加农地整理的听证会[①]。详见表 4.20 和表 4.21。

表 4.19　农民目前选择的权益表达渠道

表达渠道	①	②	③	④	⑤	⑥	⑦	⑧
比例/%	50.00	16.11	3.61	0.00	8.33	3.06	8.33	29.17

注：①村委会；②小组组长；③人大代表；④政协委员；⑤信访机构；⑥听证会；⑦大众媒体（网络、短信）；⑧无。为多项选择题，比例之和大于 100%

表 4.20　农民选择村委会的原因

原因	①	②	③	④
比例/%	35.00	51.67	39.44	35.56

注：①村委会肯为农民说话；②村委会动员能力强，向政府反映意见效果好；③离家近，方便；④找不到其他权益表达渠道。为多项选择题，比例之和大于 100%

表 4.21　农民选择小组组长的原因

原因	①	②	③	④
比例/%	62.07	51.72	55.17	18.97

注：①比较随意，不需很强的表达能力；②小组组长肯为农民说话；③时间随意，没限制；④找不到其他权益表达渠道。为多项选择题，比例之和大于 100%

2）农民对未来权益表达渠道的选择意愿

从调查结果（表 4.22）可以看出，在未来农地整理过程中，愿意通过村委会这一渠道反映情况、表达意见的农民数量最多，占受访农民总数的 40.28%；愿意通过短信、QQ、微信、微博等大众媒体反映情况、表达意见的农民数量位居第二位，占受访农民的 35.56%，这说明随着通信技术的快速发展和普及，农民越来越认识到既便捷、成本又低的大众媒体在权益表达中的重要作用；愿意通过信访机构、听证会和小组组长反映情况、表达意见的农民数量较多，所占比例分别为 31.94%、27.78% 和 16.11%；愿意通过人大代表和政协委员反映情况、表达意见的农民数量较少，所占比例分别为 5.40% 和 1.11%，这说明农民对人大代表及政协委员的认同度比较低。

表 4.22　农民对未来权益表达渠道的选择意愿

表达渠道	村委会	小组组长	人大代表	政协委员	信访机构	听证会	大众媒体
比例/%	40.28	16.11	5.40	1.11	31.94	27.78	35.56

注：为多项选择题，比例之和大于 100%

① 这里的听众会，实质上是座谈会或意见征询会，一般由乡镇政府组织

4.2.3　农民权益表达机制的重构

1. 农民权益表达主体的重构

从以上分析可以看出，选择农民组织作为未来权益表达主体的农民数量最多。从实际情况来看，各类农业协会与合作社在最近几年内发展较快，同时一些自发成立的农民自治性组织开始在农村出现。例如，江苏金坛市直溪镇直里村 2009 年 6 月成立了全国第一个村级耕地保护协会[①]，由现任和往任村干部、老党员、老教师和有威望的群众代表组成，现已成为农村国土资源管理和其他社区管理工作的重要力量。党的十九大指出，要构建现代农业产业体系、生产体系、经营体系，完善农业支持保护制度，发展多种形式适度规模经营，培育新型农业经营主体，健全农业社会化服务体系，实现小农户和现代农业发展有机衔接。因此，在重构今后权益表达主体时，应特别重视农民组织的作用。

（1）充分发挥人民政府的引导作用。在没有组建农民组织的农村，政府可以采取"先试点，后推广"的模式，有序推进农民组织的发展。可借鉴一些地方的成功经验，将主要村干部、老干部、老党员、老教师等"乡贤"吸纳到农民组织的领导层，充分发挥其作用。当然，对于自发组建的农民组织，政府应给予一定的资金支持。

（2）因地制宜成立农民的组织。近年来，一些地方出现了各种形式的农民组织，如村级耕地保护协会、农民用水者协会、农业产业协会、农民合作社等。为了降低农民组织的建设成本，可以不单独成立农地整理的专门组织，只需拓展现有农民组织的功能，使其在农地整理过程中能代表农民表达权益诉求即可。

（3）坚持农民自愿原则，切忌行政强制。应坚持农民自愿加入和自愿退出的原则，不能采取行政命令要求各地组建农民组织并强迫农户加入，不能操之过急。

2. 农民权益表达客体的重构

在重构未来农民权益表达客体时，应注意以下几方面的问题。

（1）明确乡镇政府及其管理部门作为未来农民最主要的权益表达客体。无论是在空间距离上，还是在心理距离上，乡镇政府及其管理部门是离农民最近的。因此，应明确在农地整理过程中乡镇政府及其管理部门作为最主要的农民权益表达客体。

（2）转变乡镇政府及其管理部门的职能。过去，一些乡镇政府及其部门工作人员服务意识不高，甚至存在"不作为"和"乱作为"的现象，使得农民对部分乡镇干部产生了不信任感。因此，应转变乡镇政府及其部门的职能，改变机关工作人员的工作作风，才能使农民对乡镇政府及其管理部门的信任度提高。

（3）完善农民意见与建议的受理、上报与反馈机制。在未来农地整理过程中，应完善农民意见与建议的受理、上报与反馈机制，使乡镇政府及其管理部门积极回应农民的权益诉求。当不能或没有权限解决农民的权益诉求时，乡镇政府应及时向上级政府反映情况；对农民合理的权益诉求且有能力解决的，乡镇政府应尽快解决。

---

① 江苏省国土资源厅：http://www.jsmlr.gov.cn/xwzx/xwbb/2012/10/10092413138461.html

3. 农民权益表达渠道的重构

在重构未来农民权益表达渠道时，应注意以下几方面的问题。

（1）进一步建设好村委会这一基层组织。村干部通常是当地农民，熟悉当地的风土人情，了解国家政策，在农民和乡镇政府间发挥着重要的桥梁作用，所以多数农民愿意通过村干部这一渠道反映情况、表达意见。但是，近年来村干部服务能力不足的问题逐步显现，一些地方村干部违法违纪的现象有所增加，已经影响农村经济的发展和社会的稳定。因此，应加强村委会这一基层组织建设，使其成为农地整理过程中农民权益表达最重要、最畅通的渠道。

（2）进一步完善基层人大、政协制度。目前，由于绝大多数农民并不知晓人大代表和政协委员是谁，对基层人大代表和政协委员缺乏信任，农民很少去找他们表达权益诉求。但从长远来看，应逐渐完善这一制度，使其真正成为农民权益表达的有效渠道。目前，应重点做好以下工作：逐步完善县乡两级人大代表和政协委员的选举制度，并加大宣传力度；建立健全基层人大代表、政协委员经常性地走村入户的工作机制，密切与广大农民的联系，增强与广大农民的感情；加强对基层人大代表和政协委员的培训和教育，提高其综合素质。

（3）改革信访制度和听众制度，充分发挥新型媒介的作用。信访制度改革的措施：整合现有的信访资源，强化信访机构的权利；大力宣传《中华人民共和国信访条例》，强化公民对信访的法治观念，真正维护农民信访权利；培育信访队伍，提高信访问题的解决率。听证制度改革的措施：将农地整治项目选址、规划设计方案确定与变更、项目权属调整、项目竣工验收、项目建后管护方案确定等事项，纳入听众范畴；强化听证结果对地方政府行为的约束力，充分发挥听证会的作用。应充分利用微信、微博、QQ、短信等新型通信交流平台，使其成为农地整理过程中农民权益表达的重要渠道。

4.3　本章小结

（1）农地整理过程中农民权益诉求

首先界定了农地整理过程中农民权益诉求的概念，其次构建了农民权益诉求的评价指标体系，最后利用湖北省和湖南省部分县（市、区）的农户问卷数据，测算了农民权益的诉求强度，得到如下研究结论。

第一，各类农户对经济权益的诉求强度最大，随后依次是对政治权益的诉求强度、对社会文化权益的诉求强度和对生态环境权益的诉求强度；从纯农户到兼业农户 I 再到兼业农户 II 最后到非农户，对经济权益的诉求强度逐渐下降，对政治权益、社会文化权益、生态环境权益的诉求强度逐渐上升。

第二，对于经济权益诉求，四类农户对调整农业生产结构、转变农业生产方式、提高农产品产量的诉求强度较高，对获得更高的农地出租收入、获得经济损失补偿、获得劳动报酬的诉求强度较低；对于政治权益诉求，四类农户对农地整理项目信息公开的诉求强度最高，对农地整理项目民主监督、民主管理、民主决策的诉求强度存在差异,但差异较小;对于社会文化权益诉求,四类农户对丰富文化生活的诉求强度最高,对和谐农村社区的诉求强度处于第二位,对提升农民在农村社区的地位和价值的诉求强度最低;对于生态环境权益诉求,四类农户对改善村庄内部生活环境的诉求强度最高,对改善农业生产环境的诉求强度处于第二位,对节约土地资源、节约水资源的诉求强度位居第三。

(2)农地整理过程中农民权益表达机制

在界定农民权益表达机制概念的基础上,利用湖北省部分县(市、区)的农户问卷数据,分析了农民在目前和未来的农地整理过程中对权益表达主体、表达客体、表达渠道的选择及其原因;在此基础上,提出了重构今后农民权益表达机制的设想,得到如下研究结论。

第一,在未来的农地整理中,农民权益表达机制的总体架构为:权益表达主体以农民组织为主,权益表达客体以乡镇政府及其管理部门为主,权益表达渠道以村委会为主。

第二,在未来权益表达主体重构上,应注意的是:充分发挥政府的引导作用;因地制宜地成立农民组织;坚持农民自愿原则,切忌行政强制。在未来权益表达客体重构上,应注意的是:明确乡镇政府及其管理部门作为今后最主要的权益表达客体;转变乡镇政府及其管理部门的职能;完善农民意见与建议的受理、上报与反馈机制。在未来权益表达渠道上,应注意的是:进一步建设好村委会这一基层组织;进一步完善基层人大、政协制度;改革信访制度和听众制度,充分发挥新型媒介的作用。

第 5 章 农地整理过程中农民利益补偿机制

5.1 农地整理过程中农民利益受损情况及补偿政策

5.1.1 农民利益受损情况

本章以武汉城市圈为研究区域,对武汉市江夏区与蔡甸区、咸宁市嘉鱼县、鄂州市鄂城区和华容区 7 个农地整理项目区(详见第 2 章)进行农户问卷调查。

在 390 份有效问卷中,92.31%的受访者反映在农地整理过程中利益曾经受到了损失,只不过利益受损程度各不相同,利益没有受到损失的农户只占 7.69%。在利益受损的农户中,利益受损类型主要包括土地受损、土地附着物受损和其他方面受损,见表 5.1。在耕地受损方面,有 71.28%的农户反映其承包耕地曾被占用,28.97%的农户反映其承包耕地质量因土地平整不规范而有所下降,17.44%的农户反映其承包耕地因工程建设而被分割;在附着物受损方面,57.69%的农户反映其种植的青苗因工程建设而被毁坏,1.54%的农户反映其祖坟因土地平整而被迁移,0.26%的农户反映其房屋因田块归并而被拆除。在其他方面受损中,3.33%的农户反映其承包鱼塘因土地平整而被填埋。由此可见,虽然农地整理使项目区内大多数农民受益,但也确实导致了部分农民的利益受损。

表 5.1　农地整理项目农民利益受损调查结果

利益受损类型		样本数/份	比例/%
土地受损	耕地被占用	283	72.56
	耕地质量降低	113	28.97
	田块分割	68	17.44
土地附着物受损	青苗损失	225	57.69
	祖坟迁移	6	1.54
	房屋拆迁	1	0.26
其他方面受损	塘堰被填	13	3.33

注：多选题，比例合计大于 100%

5.1.2　利益补偿政策

针对农地整治导致的农民利益受损情况，国家曾出台了一些补偿政策，主要体现在拆迁补偿方面。国土资源部 2001 年印发了《土地开发整理项目预算编制暂行办法》，第三章第十条"其他费用"中明确了拆迁补偿费："拆迁补偿费，指土地开发整理项目实施过程需拆迁的零星房屋、林木及青苗等所发生的适当补偿费用"。财政部、国土资源部 2001 年印发了《新增建设用地土地有偿使用费财务管理暂行办法》，第二章"支出范围"中明确了，耕地开发项目的成本开支范围为组织、实施和管理耕地开发项目所发生的各项成本、费用支出，包括前期工作费、工程施工费、竣工验收费、必要设备的购置费、必要的管理费及不可预见费等，"拆迁补偿费"没有明确显现出来。财政部、国土资源部 2012 年印发了《土地开发整理项目预算编制规定》，第四章第四节"其他费用"中重申了拆迁补偿费："拆迁补偿费，指土地开发整理项目实施过程中，针对零星房屋拆迁、林木及青苗毁损等所发生的适当补偿费用。"上述办法或规定指出：针对农地整理项目实施中需要拆迁的零星民房、青苗与林木等，应给予适当补偿。

针对农地整理导致的农民利益受损情况，一些地方也出台了一些补偿规定。例如，《湖北省土地整治项目土地权属调整管理办法》（2011）明确提出，"土地整治过程中，整治区内部分建筑物，包括农民住宅，按村镇规划及土地整治规划要求进行迁并，地上建筑物要进行补偿，补偿费计入土地整治费用，土地整治过程中的青苗等地上附着物的补偿费也计入土地整治总费用"。《北京市土地开发整理项目拆迁补偿标准》（2009）明确规定："土地开发整理项目拆迁补偿费包括青苗补偿、林木补偿、坟墓迁移费、零星建筑物拆除补助费"。《福建省财政厅关于农业综合开发土地整理项目有关费用计提比例及资金拨付等问题的通知》（2009）规定："拆迁补偿费控制在工程施工费的 4%以内，主要用于项目实施过程中须拆迁的房屋、林木及青苗等所发生的适当补偿支出"。

从补偿标准来看，国家有关政策只给定了补偿范围，未给出具体补偿标准；而各地有关政策给出了具体补偿标准，但因经济发展水平的差异有所不同。例如，湖北省部分县（市）的补偿标准为：房屋拆迁按 190～240 元/m² 给予补偿；青苗损失按 200～300 元/亩给予补偿；

林木损失则根据林木直径大小采取差别补偿标准，大树 80 元/株，中树 30 元/株，小树 10 元/株，幼苗 5 元/株；坟墓迁移费 500～1000 元/座[1]。北京市的补偿标准如下：青苗补偿标准根据该土地前三年平均年产值计算，给予一年补偿；林木损失费因树种、胸径大小、是否成材等差异而有所不同，每厘米胸径补偿标准在 4～20 元，树苗补偿为 10～15 元/棵；坟墓迁移损失费的补偿标准为 800 元/座或 1200 元/座；零星房屋拆迁补偿费标准为 100 元/m²[2]。福建省部分县（市）的补偿标准大致为：青苗损失补偿 300 元/亩，林木损失按树种和树龄补偿 5～15 元/棵，坟墓迁移损失按坟墓类别补偿 100～600 元/座不等，房屋拆迁按房屋成新度和房屋结构（土木、砖木、砖混）给予 80～330 元/m² 的补偿费[3]。

由此可以看出，目前农地整理中有关农民利益损失补偿的范围主要包括如下四个方面：房屋补偿、青苗补偿、林木补偿、坟墓迁移补助，并没有将农地整理导致的耕地质量下降、耕地面积减少、田块被分隔、塘堰被填埋等纳入补偿范围。通过调查，本书认为：首先，应该在项目规划设计阶段广泛征求广大农民意见，尽量避免规划设计上不必要的损失；其次，应该在项目施工建设阶段严格按设计工序进行施工，避免施工建设上不必要的损失；最后，对于不可避免的损失，应创新补偿机制，完善补偿政策，给予适当补偿，确实保障农民利益。

5.2 利益受损农民的受偿意愿及其影响因素

5.2.1 利益受损农民的受偿意愿

调查结果显示，针对农地整理中产生的利益损失，所有的受访农民都希望得到补偿；但是，在实践中农民普遍反映大部分利益损失类型没有得到补偿，少部分受损利益虽然得到了补偿，但补偿的标准很低。为了弄清楚目前农民对农地整理项目实施导致的利益损失的受偿意愿，本书对农民的受偿方式和受偿额度进行了问卷调查，结果见表 5.2 和表 5.3。

从表 5.2 可以看出，在耕地被占用损失方面，希望以地补地的农民有 118 位，所占比例为 42.45%；希望获得货币补偿的农民有 112 位，所占比例为 40.29%；19.06%的农民表示可以接受其他补偿方式。在耕地质量降低方面，23.01%的农民希望得到表土培肥补偿；72.57%的农民希望获得货币补偿，还有 4.42%的农民表示可以接受其他补偿方式。在田块分割损失方面，22.06%的农民愿意接受调整田块的方案，75.00%的农民愿意接受货币补偿，还有 2.94%的农民表示可以接受其他补偿方式。在祖坟迁移方面，100.00%的农民希望获得货币补偿。在青苗损失方面，8.00%的农民希望获得实物补偿，87.11%的农民希望获得货币补偿，还有

---

① 数据来源：《当阳市重点工程建设用地和拆迁补偿标准》（当政办发〔2003〕97 号）、《关于当阳市房屋拆迁安置方式及补偿标准》（当政办发〔2009〕61 号）、《当阳市土地开发整理项目建设拆迁补偿管理暂行办法》（当土整办发〔2009〕3 号）
② 数据来源：《北京市土地开发整理项目拆迁补偿标准》
③ 数据来源：《武平县土地开发整理项目拆迁补偿办法》（武政文〔2009〕280 号）

4.89%的农民愿意接受其他补偿方式。在房屋拆迁损失方面，因发生样本少，农民只接受货币补偿方式。在塘堰被填损失方面，15.38%的农民愿意接受修建蓄水池这一补偿方式，有84.62%的农民希望获得货币补偿。

表 5.2　农民期望的受偿方式

利益受损类型	实物补偿		货币补偿		其他补偿	
	样本数/份	比例/%	样本数/份	比例/%	样本数/份	比例/%
耕地被占用	118	42.45	112	40.29	53	19.06
耕地质量降低	26	23.01	82	72.57	5	4.42
田块分割	15	22.06	51	75.00	2	2.94
青苗损失	18	8.00	196	87.11	11	4.89
祖坟迁移	0	0.00	6	100.00	0	0.00
房屋拆迁	0	0.00	1	100.00	0	0.00
塘堰被填	2	15.38	11	84.62	0	0.00

注：390 份有效样本中发生利益受损的有 360 份

可见，不论哪种类型的利益损失，目前农民普遍期望的受偿方式是货币补偿，其次是实物补偿。对于承包耕地被占用这类损失，希望获得等量耕地的农民所占比例高于希望获得货币补偿的农民所占比例，其原因可能是：国家不仅取消了农业税，而且对粮食生产给予补贴，各项惠农政策激发了农民更加珍惜所承包的耕地；目前农地征收的补偿标准较低，使得部分农民不愿意接受货币补偿方式。对于其他利益损失类型，希望得到货币补偿的农民所占比例都高于希望获得实物补偿的农民所占比例，其可能的原因是：对于承包耕地质量下降、田块被分隔、林木青苗被毁坏、祖坟被迁、房屋被拆、塘堰被填等损失，通常无法得到与整理前一样的实物，所以绝大多数农民愿意接受货币补偿方式。

从表 5.3 可以看出，对于不同的利益损失类型，农民希望的受偿金额存在差异。对于承包耕地被占用这类损失，18.75%的农民希望得到每亩 0.4 万元的补偿金额，10.71%的农户希望获得每亩 2.4 万元以上的补偿金额，绝大多数农民希望获得的补偿金额在每亩 0.4～1.6 万元，所占比例为 56.25%。对于承包耕地质量下降的损失，2.44%的农民希望获得的补偿金额在 30～60 元/年·亩，17.07%的农民希望获得的补偿金额在 150 元/年·亩以上，80.49%的农民希望获得的补偿金额在每亩每年 60～150 元。对于田块被分隔的损失，17.65%的农民希望获得的补偿金额在 300 元/块以下，82.35%的农民希望获得的补偿金额在 300～600 元/块。对于祖坟被迁的损失，16.67%的农民期望获得的补偿金额在每座 500～700 元，还有 16.67%的农民希望获得的补偿金额每座高于 1200 元，绝大多数农民希望获得的补偿金额在每座 300～500 元，所占比例为 66.67%。对于青苗被毁坏的损失，28.57%的农民希望得到的补偿金额在每亩 400 元以下，14.80%的农民希望得到的补偿金额在每亩 700 元以上，56.63%的农民希望得到的补偿金额在每亩 400～700 元。对于塘堰被填埋的损失，9.10%的农民希望得到的补偿金额在每口 300 元以下，27.27%的农民希望获得的补偿金额在每口 600 元以上，63.63%的农民希望得到的补偿金额在每口 300～600 元。

表 5.3　农民利益损失的受偿额度

利益受损类型	期待的补偿金额	比例/%	利益受损类型	期待的补偿金额	比例/%
耕地被占用	≤0.4 万元/亩	18.75	祖坟被迁	≤300 元/座	0.00
	0.4～0.8 万元/亩	16.96		300～500 元/座	66.66
	0.8～1.2 万元/亩	20.54		500～700 元/座	16.67
	1.2～1.6 万元/亩	18.75		700～900 元/座	0.00
	1.6～2.0 万元/亩	7.14		900～1200 元/座	0.00
	2.0～2.4 万元/亩	7.14		≥1200 元/座	16.67
	≥2.4 万元/亩	10.72			
耕地质量降低	≤30 元/年·亩	0.00	青苗损失	≤300 元/亩	15.82
	30～60 元/年·亩	2.44		300～400 元/亩	12.75
	60～90 元/年·亩	20.73		400～500 元/亩	17.35
	90～120 元/年·亩	21.95		500～600 元/亩	21.94
	120～150 元/年·亩	37.81		600～700 元/亩	17.34
	≥150 元/年·亩	17.07		≥700 元/亩	14.80
田块分割	≤200 元/块	5.88	塘堰被填	≤200 元/口	0.00
	200～300 元/块	11.77		200～300 元/口	9.10
	300～400 元/块	29.41		300～400 元/口	18.18
	400～500 元/块	35.29		400～500 元/口	18.18
	500～600 元/块	17.65		500～600 元/口	27.27
	≥600 元/块	0.00		≥600 元/口	27.27

注：本表仅包括接受货币补偿的有效样本；由于四舍五入，计算各项和不为 100%

5.2.2　利益受损农民受偿意愿的影响因素

目前，在农地整理项目实施中农民利益受损存在多种类型，这里仅对耕地被占用、耕地质量降低两种受损类型农民受偿意愿的影响因素进行计量分析。

1. 影响因素选取

一般来看，受偿方式和受偿额度的选择受到农民个体特征、家庭特征及利益受损类型等因素的影响。具体讲，个体特征包括性别、年龄、受教育程度、社会资本；家庭人口特征包括家庭总人口、劳动力数量、农业劳动力数量；家庭经济特征包括家庭耕地面积、非农收入比例、家庭人均收入。

（1）性别（sex）。一般来看，男性农民对家计考虑甚多，倾向于货币补偿，而女性农民则倾向于实物补偿。在补偿标准方面，性别对补偿标准选择的影响预期不会有显著的影响，因为农民都会向更高的补偿标准看齐。

（2）年龄（age）。年龄较小的农民，拥有更多的机会外出务工，对农业生产的依赖程度较低，更倾向于货币补偿；反之，年龄较大的农民，更倾向于实物补偿。在补偿标准方面，年龄较大的农民容易满足，希望获得的补偿较低；相反，年龄较小的农民希望获得较高标准的补偿。

（3）受教育程度（edu）。农民受教育程度与其对农地整理的认知程度相关。若农民熟知农地整理的长远受益和短期受损的关系，就会倾向于实物补偿。在补偿标准选择方面，农民受教育程度越高，其觉悟就可能越高，对农地整理带来的公共利益好处看到越清楚，所期望的受偿标准就可能越低。

（4）社会资本（cap）。村干部（villcadr）和党员（party）身份可以表征农民的社会资本。在农村，党员和村干部接受外界信息的机会较多，更了解农地整理政策；另外，党员和村干部拥有一定社会地位，社会舆论往往要求他们在有关政策实施方面起到带头作用。因此，党员、村干部身份对期望的补偿标准可能产生负面的影响，但对期望的补偿方式的作用方向不明确。

（5）家庭总人口（pop）。家庭总人口越多，则对农产品的需求越多，农民可能越倾向于实物补偿和高标准的补偿；家庭规模越小，农民可能更倾向于货币补偿和低标准的补偿。

（6）农业劳动力数量（agrilabor）。在农地面积既定的前提下，家庭农业劳动力数量越多，每个劳动力的农业劳动时间越短。因此，家庭农业劳动力数量越多，农民越倾向于实物补偿。在补偿标准方面，农业劳动力越多，表明非农业收入比重越小，农民越希望得到高标准的补偿。

（7）家庭耕地面积（farmland）。家庭耕地面积越多，则农户对耕地被占用的损失感知强度越低；反之，家庭耕地面积越少，则农户对耕地被占用感知越强烈。因此，家庭耕地面积越多，农民越倾向于货币补偿和低标准的补偿。

（8）非农收入比例（nonagriinc）。一般来说，家庭非农业收入比例越高，农民对农业生产的依赖程度越低，对耕地被占用、耕地质量降低、田块分割等损失的感知越弱，对补偿方式、补偿标准采取无所谓的态度。相反，非农收入比例越低的农户家庭，则越看重货币补偿方式和补偿标准。

2. 耕地被占用的影响因素分析

从表5.4可知，性别均值为1.24，说明男性农民占多数；年龄均值为3.54，说明多数农民年龄为40~50岁；受教育程度的均值为1.73，说明受访者的受教育程度多为初中；是否村干部变量均值为1.89，说明受访农民绝大多数为非村干部；是否党员变量均值为1.95，表示受访者中党员很少；家庭总人口的均值为5.04，表示大部分家庭为5口之家；农业劳动力数量的均值为1.97，表示家庭农业劳动力比较少；家庭耕地面积的均值为8.30，表示耕地面积较小；非农收入比例的均值为0.55，表示农户对农业的依赖程度不高。

表 5.4　耕地被占用补偿方式的相关变量

变量	定义	最大值	最小值	均值	标准差
y（补偿方式）	实物补偿=1；货币补偿=2；其他补偿=3	3	1	1.77	0.74
sex	男=1；女=2	2	1	1.24	0.43
age	20～30 岁=1；30～40 岁=2；40～50 岁=3；50～60 岁=4；60 岁以上=5	5	1	3.54	0.93
edu	小学=1；初中=2；高中=3；大专=4；大专以上=5	3	1	1.73	0.60
villcadr	是=1；否=2	2	1	1.89	0.32
party	是=1；否=2	2	1	1.95	0.21
pop	按实际人口输入/人	14	1	5.04	1.72
agrilabor	按实际农业劳动力输入/人	5	0	1.97	0.67
farmland	按实际耕地面积输入/亩	45	1	8.30	5.17
nonagriinc	非农收入比例/%	1	0	0.55	0.28

注：耕地被占用的样本数为 283 份

因各变量间可能存在共线性关系，因此在计量分析前，应计算变量的相关系数矩阵。利用 SPSS 18.0 计算变量的 Pearson 相关系数矩阵，结果见表 5.5。

表 5.5　变量相关系数矩阵

变量	sex	age	edu	villcadr	party	pop	agrilabor	farmland	nonagriinc
sex	1	−0.122*	−0.123*	0.149*	0.084	0.003	−0.047	−0.085	−0.033
age	−0.122*	1	−0.386**	−0.128*	−0.072	0.153**	0.050	0.062	−0.054
edu	−0.123*	−0.386**	1	−0.064	−0.180**	−0.052	−0.003	0.013	0.101
villcadr	0.149*	−0.128*	−0.064	1	0.455**	0.007	0.100	−0.066	−0.102
party	0.084	−0.072	−0.180**	0.455**	1	−0.015	0.065	0.005	0.013
pop	0.003	0.153**	−0.052	0.007	−0.015	1	0.308**	0.165**	0.251**
agrilabor	−0.047	0.050	−0.003	0.100	0.065	0.308**	1	0.099	−0.096
farmland	−0.085	0.062	0.013	−0.066	0.005	0.165**	0.099	1	−0.204**
nonagriinc	−0.033	−0.054	0.101	−0.102	0.013	0.251**	−0.096	−0.204**	1

注：*相关系数在 0.05 的水平上显著（2-tailed）；**相关系数在 0.01 的水平上显著（2-tailed）；进入模型的有效样本数为 283 份

从表 5.5 可以看出，年龄与教育程度呈负相关关系，其相关系数为−0.386；性别与党员呈正相关关系，男性党员较多；村干部与党员的相关系数为 0.455，表示村干部多数由党员来担任；家庭总人口与户主年龄呈正相关关系，表示户主年龄较大的家庭人口较多；非农收入比例与家庭总人口、劳动力数量呈正相关关系，符合经验预期；非农收入比例与家庭耕地面积呈负相关关系，其相关系数为−0.204，这与实际情况相符。

1）受偿方式的影响因素分析

耕地被占用的受偿方式选择是一个多元有序选择问题，这里运用 EViews 3.1 软件中的多元有序选择 Probit 模型进行估计，估计结果见表 5.6。表 5.6 显示：家庭总人口在 5%的水平上显著影响耕地被占用受偿方式的选择；村干部身份在 15%的水平上显著影响耕地被占用受偿方式的选择；其他因素影响不显著，包括性别、年龄、受教育程度、党员身份、农业劳动力数量、家庭耕地面积和非农收入比例。从变量的回归系数符号来看，性别、教育程度、家庭总人口、家庭耕地面积与预期作用方向一致，而年龄、农业劳动力数量与预期作用方向相反，党员身份、非农收入比例对耕地被占用补偿方式选择的影响为正向。从模型的整体检验结果来看，Prob 值为 0.3917，表示模型的拟合度不理想。

表 5.6　耕地被占用补偿方式的估计结果

变量	回归系数	标准差	Z-统计量	P-显著性水平
sex	−0.0581	0.1645	−0.3530	0.7241
age	0.0530	0.0819	0.6470	0.5176
edu	0.0752	0.1265	0.5943	0.5523
villcadr	−0.3967*	0.2482	−1.5984	0.1000
party	0.1931	0.3689	0.5233	0.6008
pop	−0.0996**	0.0449	−2.2169	0.0266
agrilabor	0.0373	0.1078	0.3460	0.7293
farmland	0.0081	0.0137	0.5913	0.5543
nonagriinc	0.0014	0.0026	0.5213	0.6021
Log likelihood	−291.0694			
LR statistic （9 df）	9.5077			
Prob （LR stat）	0.3917			

注：**、*分别表示 5%、10%的显著性水平；进入回归分析模型有效样本数为 283 份

2）受偿额度的影响因素分析

补偿标准，也称为受偿额度，主要是指耕地被占用后农民接受货币补偿的额度。耕地被占用"货币补偿"相关变量的定义与描述，见表 5.7。因变量均值为 3.43，表明大多数农民选择补偿标准 1.2～1.6 万元/亩，最小值为 3，说明农民对耕地被占用可以最低接受的补偿标准为 0.8～1.2 万元/亩；性别均值为 1.21，表明受访者多为男性；年龄均值为 3.55，表明受访者的年龄多处于 50～60 岁；受教育程度的均值为 1.68，表明受访者的受教育程度多为初中；从是否村干部、是否党员的均值看，绝大多数的受访者没有担任过村干部，也不具有党员身份；家庭总人口均值为 4.88，表示当前家庭人口多为 5 人，大家庭的数量很少；农业劳动力数量的均值为 1.95，表明农业劳动力较少，与农村"打工经济"的实际情况符合；非农收入的比例均值为 0.55，表明当前农民的非农就业机会增加，非农收入成为农民家庭的主要收入来源，甚至有少数农户的非农收入比例达 94%。

表 5.7　耕地被占用补偿标准的相关变量

变量	定义	最大值	最小值	均值	标准差
y（补偿标准）	0.4 万元=1；0.4~0.8 万元=2；0.8~1.2 万元=3；1.2~1.6 万元=4；1.6~2.0 万元=5；2.0~2.4 万元=6；2.6 万元以上=7	7	3	3.43	1.89
sex	男=1；女=2	2	1	1.21	0.41
age	20~30 岁=1；30~40 岁=2；40~50 岁=3；50~60 岁=4；60 岁以上=5	5	1	3.55	1.00
edu	小学=1；初中=2；高中=3；大专=4；大专以上=5	3	1	1.68	0.63
villcadr	是=1；否=2	2	1	1.91	0.28
party	是=1；否=2	2	1	1.93	0.24
pop	按实际人口输入/人	12	1	4.88	1.75
agrilabor	按实际农业劳动力输入/人	5	0	1.95	0.65
nonagriinc	非农收入比例/%	0.94	0	0.55	0.30

注：耕地被占用选择货币补偿的有效样本 112 份

　　由于补偿标准的选择是一个多元有序选择问题，这里运用 EViews 3.1 软件中的多元有序选择 Probit 模型进行估计。耕地被占用补偿标准选择影响因素的估计结果，见表 5.8。从表 5.8 可知，年龄在 1%的水平下显著影响补偿标准选择，其系数为-0.3530，说明年龄越大的农民可接受的补偿标准越低，反之年龄越小的农民对补偿标准的期望越高。受教育程度在 15%的水平下显著影响补偿标准选择，其作用方向是负的，与预期一致。性别、是否村干部、是否党员、家庭总人口、农业劳动力数量、非农收入比例对耕地被占用补偿标准选择没有显著影响。从模型整体拟合效果来看，Prob 值为 0.1115，表明拟合效果尚可。

表 5.8　耕地被占用补偿标准的估计结果

变量	回归系数	标准差	Z-统计量	P-显著性水平
sex	0.1820	0.2502	0.7275	0.4669
age	-0.3530**	0.1280	-2.7584	0.0058
edu	-0.2866*	0.1959	-1.4627	0.1435
villcadr	0.3448	0.5082	0.6784	0.4975
party	-0.5481	0.6257	-0.8760	0.3810
pop	-0.1030	0.0805	-1.2793	0.2008
agrilabor	-0.1679	0.1773	-0.9467	0.3438
nonagriinc	-0.5012	0.3930	-1.2751	0.2023
Log likelihood	-202.2925			
LR statistic（9 df）	14.3177			
Prob（LR stat）	0.1115			

注：**、*分别表示 5%、15%的显著性水平；进入回归分析模型有效样本数为 112 份

3. 耕地质量降低的影响因素

一般来讲，未按项目施工工序进行的土地平整会导致耕地质量降低。经调查发现，28.97%的受访农民反映自家耕地在平整后的质量降低。农民对耕地质量降低的补偿方式选择情况，见表 5.9。从表 5.9 可知，因变量的均值为 1.81，表明多数农民选择货币补偿方式。下面就农民对耕地质量降低损失的补偿方式和补偿标准选择的影响因素进行分析。

表 5.9　耕地质量降低补偿方式的相关变量

变量	变量定义	最大值	最小值	均值	标准差
y（补偿方式）	表土培肥=1；货币补偿=2；其他=3	3	1	1.81	0.49
sex	男=1；女=2	2	1	1.25	0.43
age	20~30 岁=1；30~40 岁=2；40~50 岁=3；50~60 岁=4；60 岁以上=5	5	2	3.57	0.88
edu	小学=1；初中=2；高中=3；大专=4；大专以上=5	3	1	1.81	0.59
villcadr	是=1；否=2	2	1	1.92	0.27
party	是=1；否=2	2	1	1.96	0.21
pop	按实际人口输入/人	10	2	5.02	1.48
agrilabor	按实际农业劳动力输入/人	5	0	1.96	0.64
farmland	按实际耕地面积输入/亩	35	0	8.46	5.18
nonagriinc	非农收入比例/%	1	0	0.56	0.29

注：土地平整导致耕地质量降低的有效样本数 113 份

1）补偿方式的影响因素

自变量之间存在线性相关，可能会导致模型的自变量矩阵为奇异矩阵，经反复试算，在删除"是否党员"变量后则可以估计出结果。这里运用 EViews 3.1 软件中的多元有序 Probit 模型来分析农民补偿方式选择的影响因素，估计结果见表 5.10。从表 5.10 可以看出，耕地面积在 1%水平下对补偿方式选择产生显著的正向影响；非农收入比例在 10%水平下对补偿方式选择产生显著的正向影响；年龄、性别、是否村干部、受教育程度、家庭总人数对补偿方式选择的影响不显著。从模型的整体拟合度来看，Prob 值为 0.0582，表明模型拟合度较好。

表 5.10　耕地质量降低损失补偿方式的估计结果

变量	回归系数	标准差	Z-统计量	P-显著性水平
sex	0.0635	0.3039	0.2090	0.8344
age	−0.0827	0.1549	−0.5340	0.5933
edu	−0.0730	0.2394	−0.3051	0.7603
villcadr	−0.1568	0.4848	−0.3235	0.7463
pop	0.0700	0.1377	0.5086	0.6111
agrilabor	0.2786	0.2084	1.3370	0.1812
farmland	0.0909[***]	0.0281	3.2377	0.0012

续表

变量	回归系数	标准差	Z-统计量	P-显著性水平
nonagriinc	0.9373*	0.5483	1.7094	0.0874
Log likelihood	−71.8659			
LR statistic（9 df）	16.4405			
Prob（LR stat）	0.0582			

注：***、*分别表示 1%、10%的显著性水平；进入回归分析模型有效样本数为 113 份

2）补偿标准的影响因素

在调查中发现，农民对耕地质量降低损失要求的补偿标准存在差异，究竟什么因素影响农民的补偿标准选择呢？耕地质量降低补偿标准选择的相关变量描述性统计结果见表 5.11。从表 5.11 可知，因变量的均值为 4.47，表明大多数农民选择 90～150 元/亩的补偿标准，少数农民要求的补偿标准高于 150 元/亩；性别、年龄、受教育程度等变量的均值特征与总样本的均值特征接近，分别为 1.31、3.57 和 1.69；是否村干部、是否党员、家庭总人口等变量的特征也大致与总样本特征相同；耕地面积均值为 7.13 亩，最小值为 1 亩，最大值为 20 亩；非农收入比例的均值有所下降，仅有 45%。

表 5.11　耕地质量降低补偿标准的相关变量

变量	变量定义	最大值	最小值	均值	标准差
y（补偿标准）	30 元=1；30-60 元=2；60-90 元=3；90-120 元=4；120-150 元=5；150 元以上=6	6.00	2	4.47	1.08
sex	男=1；女=2	2.00	1	1.31	0.46
age	20-30 岁=1；30-40 岁=2；40-50 岁=3；50-60 岁=4；60 岁以上=5	5.00	1	3.57	1.06
edu	小学=1；初中=2；高中=3；大专=4；大专以上=5	3.00	1	1.69	0.65
villcadr	是=1；否=2	2.00	1	1.88	0.33
party	是=1；否=2	2.00	1	1.95	0.22
pop	按实际人口输入/人	10.00	1	4.59	1.48
agrilabor	按实际农业劳动力输入/人	4.00	0	1.95	0.65
farmland	按实际耕地面积输入/亩	20.00	1	7.13	3.25
nonagriinc	非农收入比例/%	0.92	0	0.45	0.30

注：耕地质量降低而选择货币补偿的有效样本数 82 份。

由于耕地质量降低补偿标准的选择是一个多元选择问题，在默认残差项为正态分布的情形下，运用 EViews 3.1 软件中的多元有序 Probit 模型进行估计，结果见表 5.12。从表 5.12 可以看出，年龄在 5%水平下对耕地质量降低的损失补偿标准选择产生显著的负向影响；农

业劳动力数量在 10%水平下对耕地质量降低的损失补偿标准选择产生显著的负向影响。性别、村干部身份、家庭耕地面积、非农收入比例等变量对耕地质量降低损失补偿标准的选择的影响不显著。从模型的整体检验指标来看，Prob 值为 0.1009，表示模型的拟合度尚可。

表 5.12　耕地质量降低损失补偿标准的估计结果

变量	回归系数	标准差	Z-统计量	P-显著性水平
sex	−0.3573	0.2626	−1.3607	0.1736
age	−0.2484**	0.1174	−2.1167	0.0343
villcadr	−0.1247	0.3901	−0.3198	0.7491
agrilabor	−0.3317*	0.1937	−1.7127	0.0868
farmland	0.0280	0.0388	0.7224	0.4701
nonagriinc	−0.5516	0.3978	−1.3864	0.1656
Log likelihood	−111.0629			
LR statistic （6 df）	10.6201			
Prob （LR stat）	0.1009			

注：**、*分别表示 5%、10%的显著性水平；进入回归分析模型有效样本数为 82 份

5.3　农地整理项目农民利益补偿资金的来源

5.3.1　受益农民支付

1. 农民受益感知

农地整理已成为促进现代农业发展、新农村建设、新型城镇化发展的一项战略举措。对农地整理项目区的农民而言，农地整理能带来多方面的益处，如增加耕地面积，提高土地利用率；提高耕地质量，提升土地产能；配套基础设施，改善生产条件；完善农田林网，改善生态环境；协调人地关系，促进社会和谐（高明秀 等，2011）。有研究表明，农地整理每年为我国新增耕地面积约 26.6 万 hm²，提高土地产出率为 10%~20%，使农业生产条件大有改善（金晓斌 等，2011）。若与新农村建设相结合，农地整理还能改善农村居住环境。

本书从农民视角来研究农地整理给农民带来的益处，调查区域内农民对农地整理所带来利益的感知情况见表 5.13。从表 5.13 可知，5.64%的受访农民认为自己没有从农地整理中受益，94.36%的受访农民认为自己在农地整理中受益。认为农地整理使田间通行和灌排水更方便的受访农民所占比例分别为 77.18%和 67.69%，认为农地整理使农民获得投劳工资收入的受访农民所占比例为 5.64%，认为农地整理使耕地质量提升的受访农民所占比例为 12.56%，认为农地整理增加耕地面积的受访农民所占比例为 3.59%，认为其他方面受益的受访农民所占比例为 3.59%。

表 5.13　农地整理中农民受益感知

受益感知	耕地面积增加	耕地质量提升	灌排水更方便	通行更方便	投劳工资收入	其他方面	没有受益
样本数/份	14	49	264	301	22	14	22
比例/%	3.59	12.56	67.69	77.18	5.64	3.59	5.64

注：多选题，比例之和大于 100%

2. 受益农民支付意愿与支付方式

农地整理项目作为一种农村准公共产品，其主要受益者是农户，因而研究农户的支付意愿对改进农地整理投资政策具有参考价值。国内学者对农地整理实施中的农民投工、投资行为进行了一些探讨，王瑗玲等（2008）的研究表明，有 32.00% 的农民愿意义务投工，但没有农民表示愿意直接投资；而赵谦（2011）的调查研究显示，仅约 20.30% 的农民表示愿意"出钱"，占 21.28% 的农民表示愿意"义务投工"。农户问卷调查结果显示，约有 96.67% 的农民表示愿意为农地整理所带来的好处予以支付（投工、出资），也有 3.33% 的受访者拒绝支付（表 5.14）。在愿意支付的受访者当中，77.45% 的受访者倾向于义务投工，22.55% 的受访者表示愿意出钱，以代替投工（表 5.15）。

表 5.14　农地整理的农民支付意愿

支付意愿	愿意	不愿意
样本数/份	377	13
比例/%	96.67	3.33

注：比例=样本数/有效样本数（390 份）

表 5.15　农地整理的农民支付方式

支付方式	义务投工	出钱
样本数/份	292	85
比例/%	77.45	22.55

注：比例=样本数/有效样本数（377 份）

即使农民采取同样的"义务投工"方式，投工量仍然存在差异。问卷调查结果显示，愿意投入 5~6 天的受访者有 85 人，所占比例为 29.11%；愿意投入 7~8 天的受访者有 83 人，所占比例为 28.42%；愿意投入 2 天以下的受访者有 22 人，所占比例为 7.53%；愿意投入 8 天以上的受访者也有 35 人，所占比例为 11.99%（表 5.16）。农民投工天数符合正态分布，80.48% 的受访者投工为 3~8 天。

表 5.16　农民对农地整理的"投工"意愿

投工天数	≤2 天	3~4 天	5~6 天	7~8 天	>8 天
样本数/份	22	67	85	83	35
比例/%	7.53	22.95	29.11	28.42	11.99

注：比例=样本数/有效样本数（292 份）

对于愿意"出钱"以支持农地整理的受访者,在回答"愿意一次性为自家耕地每亩支付多少"的问题时,答案不同。其中,29.41%的受访者选择60~90元的支付标准,22.35%的受访者选择90~120元的支付标准,20.00%的受访者选择30~60元的支付标准,选择30元及以下的支付标准的受访者占18.82%,选择120~150元的支付标准的受访者仅占9.41%(表5.17)。由此可见,在农地整理项目区内,受益农民的支付意愿总体是较低的。

表 5.17　农民对农地整理的"出钱"意愿

项目	m≤30元	30<m≤60元	60<m≤90元	90<m≤120元	120<m≤150元	m>150元
样本数/份	16	17	25	19	8	0
比例/%	18.82	20.00	29.41	22.35	9.41	0.00

注:比例=样本数/有效样本数(85份)

因受访者"出钱"意愿采取的是支付卡的方式,所以采取支付卡均值计算方法来计算其"出钱"的意愿均值,公式如下:

$$E(\text{WTP})=\sum_{1}^{n}A_iP_i \qquad\qquad (5.1)$$

式中:A_i为投标值;P_i为受访者选择该数额的概率;n为投标数(85)。利用表5.18中的数据,即可计算得到

$$E(\text{WTP})=\sum_{1}^{n}A_iP_i$$
$$=15\times18.82\%+45\times20\%+75\times29.41\%+105\times22.35\%+135\times9.41\%+150\times0.00\%$$
$$=70.63\text{元}/\text{亩}$$

调查区域耕地面积平均每户以6亩计,即可得到:受益农户"出钱"的意愿均值为每户423.78元。

下面,同样采用支付卡均值方法来计算受访农民"投工"的意愿均值,公式如下:

$$E(\text{WTP})=\sum_{1}^{n}A_iP_i=1\times7.53\%+3.5\times22.95\%+5.5\times29.11\%+7.5\times28.42+8\times11.99\%$$
$$=5.57\text{天}/\text{户}$$

调查区域农民在本村务工的平均日工资以80元计,即可得到:受益农户"投工"的意愿均值为每户445.60元。

采用加权平均法,即可得到愿意支付的受访农民的支付意愿均值为

$$445.60\times77.45\%+423.78\times22.55\%=440.68\text{元/户}$$

根据农地整理项目区的农户数、愿意为受益而"投工"或"出钱"的农户比例、平均支付意愿等,即可得到各项目区的支付意愿总额。从表5.18可以看出,因每个项目区农户家庭数量不同,导致每个项目区的支付意愿总额不同。武汉蔡甸消泗项目Ⅱ的支付意愿总额最小,

为 47.50 万元；鄂州华容区蒲团项目区的支付意愿总额最大，为 146.33 万元。由此可见，农民支付意愿可以作为受损农民利益补偿资金的来源之一。

表 5.18　各农地整理区农民的支付意愿总额

项目区	农户户数/户	愿意支付者的平均支付意愿/（元/户）	不愿意支付者所占比例/%	支付意愿总额/万元
武汉江夏法泗项目	2 434	440.68	3.33%	103.69
武汉蔡甸消泗项目 I	2 773	440.68	3.33%	118.13
武汉蔡甸消泗项目 II	1 115	440.68	3.33%	47.50
咸宁嘉鱼潘湾镇项目	2 420	440.68	3.33%	103.09
鄂州鄂城区杜山项目	1 549	440.68	3.33%	65.99
鄂州鄂城区泽林项目	2 423	440.68	3.33%	103.22
鄂州华容区蒲团项目	3 435	440.68	3.33%	146.33

注：人口数据为 2008 年、2009 年数据

5.3.2　其他资金来源

1. 财政资金

目前，以新增建设用地有偿使用费、耕地开垦费和土地出让收入为主的财政资金是农地整理资金的主要来源，用于农地整理的其他财政资金还包括农业综合开发资金、农田水利建设资金等涉农资金。根据《土地开发整理项目预算编制暂行办法》，青苗补偿、房屋拆迁、坟墓迁移和林木毁损等费用可纳入项目投资预算。所以，农地整理过程中农民这四项利益损失的补偿资金可由财政资金支付。

2. 项目增值收益

农地整理项目实施可能会产生增值收益，主要包括两个方面：一是新增耕地指标的交易性收益，二是新增耕地的生产性收益。新增耕地指标交易性收益，是指新增耕地指标在一定区域范围内进行公开交易，可以获得的增值收益。将新增耕地用于农业生产，可以获得新增耕地的生产性收益。

通过新增耕地指标的交易，可以获得非常可观的收益。例如，广东省 2009 年全省完成补充耕地面积达 53.70 万亩，按每亩 2000 元的交易价格，预计可获得交易资金 10.74 亿元（叶石界，2010）；安徽省从 2013~2015 年共组织 15 个批次补充耕地指标跨市公开交易，成交指标面积 3.8 万亩，成交价款 13.7 亿元，成交均价 3.59 万元/亩（陶玉厚，2016）。

根据新增耕地指标数据和新增耕地指标交易均价，可以得到各个农地整理项目区的新增耕地指标交易性收益总额，具体见表 5.19。从表 5.19 可以看出，由于各个农地整理项目区的新增耕地面积存在差异，各个项目区新增耕地交易性收益总额有所不同。其中，新增耕地指标交易总额最大的为鄂州华容区蒲团项目，其新增耕地指标交易总额达到 281.63 万元；新增耕地指标交易总额最小的是鄂州鄂城区杜山项目，其新增耕地指标交易总额只有 111.53 万元。

可见，通过新增耕地指标的交易，能筹措到非常可观的资金，可以作为农地整理中利益受损农民的补偿资金来源。

表 5.19　各农地整理区新增耕地指标交易总额

项目区	新增耕地面积/hm²	新增耕地指标交易价格/（元/亩）	新增耕地交易总额/万元
武汉江夏法泗项目	59.42	2 500	222.83
武汉蔡甸消泗项目 I	54.42	2 500	204.08
武汉蔡甸消泗项目 II	38.01	2 500	142.50
咸宁嘉鱼潘湾镇项目	66.67	2 500	250.01
鄂州鄂城区杜山项目	29.74	2 500	111.53
鄂州鄂城区泽林项目	42.69	2 500	160.09
鄂州华容区蒲团项目	75.10	2 500	281.63

注：新增耕地面积数据来源于项目调查资料；新增耕地指标交易价格以湖北全省均价计算

　　根据各个农地整理项目规划设计报告中的效益测算数据，以及单位新增耕地面积的平均收益值，可以估算得到各个农地整理项目区新增耕地的生产性收益，具体见表 5.20。从表 5.20 可以看出，由于每个农地整理区的作物存在差异，单位新增耕地的生产性收益也有所差别。例如，单位新增耕地生产性收益最高为 899.70 元/年·亩（武汉江夏法泗项目），单位新增耕地生产性收益最低为 490.02 元/年·亩（武汉蔡甸消泗项目 I），鄂州市鄂城区、华容区三个项目的单位新增耕地生产性收益差不多，均为 531.50 元/年·亩。从各个农地整理区新增耕地生产性收益的总额来看，武汉江夏法泗项目的新增耕地生产性收益总额最多，达到 80.19 万元/年；鄂州鄂城区杜山项目的新增耕地生产性收益总额最少，为 23.71 万元/年。

表 5.20　各农地整理区新增耕地的生产性收益

项目区	新增耕地面积/hm²	单位新增耕地生产性收益/（元/年·亩）	新增耕地生产性收益总额/（万元/年）
武汉江夏法泗项目	59.42	899.70	80.19
武汉蔡甸消泗项目 I	54.42	490.02	40.00
武汉蔡甸消泗项目 II	38.01	670.35	38.21
咸宁嘉鱼潘湾镇项目	66.67	621.49	62.15
鄂州鄂城区杜山项目	29.74	531.50	23.71
鄂州鄂城区泽林项目	42.69	531.50	34.03
鄂州华容区蒲团项目	75.10	531.50	59.87

注：新增耕地面积数据和生产性收益数据均来源于项目调查资料

　　可见，新增耕地的生产性收益也是一笔可观的收入，而且这种生产性收益具有长期性的特点，可以作为农地整理项目实施中利益受损农民的补偿资金来源。

3. 社会资金

　　目前，国家和各地都在鼓励农村集体经济组织和新型农业经营主体，以多种形式参与农地整理。《全国土地整治规划（2016～2020 年）》（国土资发〔2017〕2 号）第二十二节要求：按照"政府主动引导、社会积极参与、政策加以保障"的原则，鼓励政府和社会资本合作（PPP）模式参与土地整治；鼓励农民合作社、家庭农场、专业大户、农业企业等新型经营农业主体投资农用地整理；鼓励和引导社会资本投资城乡建设用地整理和土地复垦等，拓宽土地整治投资渠道，加快土地整治工作。湖北省国土资源厅发布《关于开展土地整治项目农业龙头企业和农民专业合作社自建工作试点的通知》（鄂土资发〔2013〕44 号），鼓励农业产业化经营重点龙头企业和农民专业合作社，全程参与农地整理项目。自 2014 年，湖北省已在监利、嘉鱼、天门等 22 个县（市、区）开展农业龙头企业自建试点项目 25 个，建设规模 35.62 万亩，预算投资 6.959 亿元，引入福娃集团、田野集团、华丰农业合作社等农业龙头企业和农民专业合作社 25 家[①]。在以社会资金为主的农地整理中，农民利益损失可由社会资金来补偿。

5.4　本 章 小 结

本章分析了农地整理项目农民利益受损情况、利益受损农民的受偿意愿及其影响因素、利益补偿资金的来源，得到以下研究结论。

（1）农地整理项目实施中农民利益受损类型，主要包括耕地被占用、耕地质量降低、田块被分割、青苗损失、祖坟迁移、房屋拆迁和塘堰被填等，其中耕地被占用、青苗损失、耕地质量降低和田块分割是主要方面，而祖坟被迁、房屋拆迁、塘堰被填等是次要方面。

（2）从受偿意愿来看，农地整理项目区内利益受损农民都希望获得补偿。对于不同的利益受损类型，农民愿意接受的受偿方式存在差异；但是，不论哪种类型的利益损失，目前农民普遍期望的受偿方式是货币补偿，其次是实物补偿。不同的利益受损类型，农民愿意接受的受偿额度差别较大。农地整理中农民受偿方式和受偿额度，受多方面因素的影响，没有表现出明显的规律性。

（3）从受益感知情况来看，94.36%的农民认为自己在农地整理中受益，5.64%的农民认为自己没有从农地整理中受益。67.69%和 77.18%的农民认为，农地整理使灌溉排水与田间交通更加便利；12.56%的农民认为农地整理能提升耕地质量；3.59%的农民认为农地整理能增加耕地面积；5.64%的农民表示参加过农地整理项目施工并获得工资收入。

（4）约 96.67%的农民表示愿意为农地整理所带来的好处予以支付，也有 3.33%的农民拒绝支付。在愿意支付的农民中，77.45%的倾向于义务投工，22.55%的表示愿意出钱。采用支付卡均值计算方法得到，愿意支付的农民的平均支付意愿为 440.68 元/户；不同项目区的农民，支付意愿总额存在较大差异。

（5）农地整理中农民利益受损的补偿资金来源，主要包括：项目区内受益农民的愿意支付额度，以新增建设用地有偿使用费、耕地开垦费和土地出让收入为主的农地整理财政资金，以新增耕地交易性收益和新增耕地生产性收益为主的项目增值收益，以农业龙头企业和农民

---

① 陈岩等，鼓励农业龙头企业参与湖北土地整治创新破解资金瓶颈. 湖北日报. http://news. cnhubei. com/xw/sh/201512/t3471749.shtml。[2015-12-03]（2018-07-23）

第 6 章　农地整理过程中农民

参与评价机制

6.1　农地整理项目评价制度的现状分析

6.1.1　评 价 程 序

目前农地整理项目评价主要包括项目立项评价、规划设计评价及竣工验收评价[①]。下面以湖北省省级投资项目为例，来分析现行的评价程序。

1. 项目立项评价

农地整理项目立项评价的简要程序如下。

（1）县级国土管理部门及乡镇级政府根据项目选址相关规定，初步选定农地整理项目区。

（2）县级（或市级）国土管理部门通过摇号或招标等方式，确定项目可行性研究承担单位。

（3）项目可行性研究承担单位成立项目组，收集项目基础资料，实地调查项目区农业生产状况与条件，在征求项目区所在乡镇、村干部和部分农民意见的基础上，形成初步的可行性研究报告。

（4）县级国土管理部门向市级国土管理部门提交项目立项申请。

（5）市级国土管理部门组织工作人员进行现场踏勘，并组织当地国土、财政、农业、水利、林业、环保等方面的专家，进行项目可行性研究报告

---

① 农地整理项目后评价，本书暂不考虑

评审；并根据省级国土资源管理部门下达的年度土地整治项目建设计划，完成项目立项审批。

（6）市级国土管理部门将项目立项情况报省级国土管理部门备案。

2. 规划设计评价

目前农地整理项目规划设计评价的简要程序如下。

（1）县级（或市级）国土管理部门通过摇号或招标等方式，确定项目规划设计与预算编制承担单位。

（2）规划设计与预算编制承担单位成立项目组，收集项目基础资料，并对项目区农业生产状况与条件进行详细勘察，在征求县级国土管理部门、项目区所在乡镇、村组干部和部分农民意见的基础上，形成初步的项目规划设计与预算方案。

（3）市级国土管理部门组织工作人员进行现场踏勘，并组织当地国土、财政、农业、水利、林业、环保等方面的专家，进行项目规划设计与预算方案评审。

（4）市级国土资源管理部门召开会审会，下达项目规划设计与投资预算批复，并报省级国土管理部门备案。

3. 竣工验收评价

目前农地整理项目规划设计评价的简要程序如下。

（1）项目竣工后，项目施工单位向县级国土管理部门提出竣工初步验收（简称初验）申请。

（2）县级国土管理部门组织当地国土、财政、农业、水利、林业、环保等方面的专家，项目区所在的部分乡镇和村干部对项目进行初验。

（3）对于初验合格的项目，县级国土管理部门向市级国土管理部门提出竣工验收申请。

（4）市级国土管理部门组织国土、土木、造价、财会等方面的专家，对项目进行验收。验收组在听取项目报告、查看项目资料、实地检查工程、走访农户的基础上，形成项目竣工验收报告，提出是否通过验收的建议。

（5）市级国土管理部门根据验收组意见及整改情况，做出是否通过验收的决定，并报省级国土管理部门备案。

6.1.2 评价内容

1. 项目立项评价

目前农地整理项目立项评价的主要内容包括以下方面。

（1）项目建设的必要性，主要分析项目建设对解决当地"三农"问题的意义。

（2）项目建设的合法性与合规性，主要分析项目建设是否符合国家及地方农地整理有关政策规定，是否符合当地土地利用总体规划、土地整治规划及其他相关规划。

（3）项目建设的可行性，主要分析项目建设的技术可行性、工程措施的配套程度、建设内容与标准是否符合国家和地方有关技术规范、农民及村级组织对项目的支持程度。

（4）项目建设的经济合理性，主要分析项目投资估算的准确性、投资结构与投资范围是否符合国家及地方有关政策规定。

2. 规划设计评价

目前农地整理项目规划设计评价的主要内容包括以下方面。

（1）对项目区范围、项目区自然条件、项目建设规模、耕地质量等级提升、新增耕地面积与比率等基本指标进行核查。

（2）对规划设计内容的齐全性、规划设计方案的合理性等内容进行审查。

（3）对土地平整、灌溉排水、田间道路、农田防护、村庄整治等工程布局的合理性，以及各项工程之间的协调性进行审查。

（4）对土地平整、灌溉排水、田间道路、农田防护、村庄整治等工程的设计方案进行审查。

（5）对各项工程的工程量和投资预算进行审查。

（6）对项目土地利用现状图、项目规划图、各项工程设计图等进行审查。

3. 竣工验收评价

目前农地整理项目竣工验收评价的主要内容包括以下方面。

（1）审查项目竣工验收报告、规划设计报告、施工报告、监理报告、工程复核报告、工程质量检验报告、项目档案资料等是否齐全、规范。

（2）检查项目建设规模、工程设施建设数量与质量是否符合规划设计要求。

（3）检查项目区内耕地质量和数量的变化情况，重点抽查新增耕地的质量与数量。

（4）审查项目决算报告、审计报告，检查项目资金拨付、预算执行、资金使用与管理是否符合国家和当地的有关规定。

（5）审查权属管理工作报告，检查土地权属调整方案落实情况。

（6）检查工程移交和管护情况，检查设备、设施运行维护情况。

（7）调查了解项目区群众对项目的满意度。

6.1.3　现行评价制度存在的问题

从以上分析可以看出，目前的农地整理项目评价实质上是政府主导的专家型评价，其最大的问题是没有农民充分、有效地参与，即农民或者没有被邀请参与评价，或者只是形式上参与，对评价结果没有发言权和决策权。这种政府主导的专家型评价模式可能会产生以下两个方面的消极影响。

（1）打击农民参与的积极性。目前，国家及地方出台的农地整理政策，对农民参与都有或多或少的规定，如项目选址、规划设计方案编制、项目施工建设应征求农民意见，保护农民权益。但是，目前各个阶段的最终评价，农民没有发言权，更没有否决权，这就会导致农民意见征询流于形式，从而打击农民参与农地整理项目的积极性。这也是目前农地整理项目农民参与不足、参与积极性不高的重要原因。

（2）降低评价结果的科学性。农民是农地整理项目的核心利益相关者，是项目工程设施的最终使用者和受益者，最清楚项目区最需要哪些工程设施以解决农业生产所面临的问题，最关心工程设施的建设质量。若农民没有实质性地参与项目评价，就无法保证项目选址合理、规划设计方案的科学性和合理性，也无法保障工程建设质量。

6.2　农地整理项目农民参与评价的意愿及其影响因素

本章以武汉城市圈为研究区域，选取武汉市江夏区与蔡甸区、咸宁市嘉鱼县、鄂州市鄂城区和华容区 7 个农地整理项目区作为本章的调查区域。

6.2.1　农民参与评价的意愿

农民参与评价是分享农地整理项目相关决策权力的体现。农民从评价的局外人转变为评价的参与者，对激励农民参与农地整理项目、进而维护农民权益具有重要意义。

问卷调查数据（表 6.1）显示，88.83%的受访者愿意参与农地整理项目评价，11.17%的受访者不愿意参与评价。可见，绝大部分的农民愿意参与农地整理项目评价。

表 6.1　农民参与农地整理项目评价的意愿

项目	愿意	不愿意
受访者/人	342	43
比例/%	88.83	11.17

注：有效样本数 385 份

6.2.2　农民参与评价意愿的影响因素

1. 自变量选取

有关参与意愿的研究，都假定农民是理性的决策主体，精细地计算参与得失；当且仅当收益大于成本时，农户选择参与，否则不参与（田甜等，2014）。实际上，任何个体的选择都是在很多约束条件下进行的，这些约束条件包括内部约束条件和外部环境条件两个方面。例如，张兵等（2009）对苏北地区的研究表明，户主的文化程度、认知水平、家庭负担系数、农户社会资本、政府支持力度、灌排体系的完备率是农户参与灌溉管理意愿的显著影响因素。罗小锋（2012）通过研究认为，农田水利设施建设的农户参与意愿受到农户风险态度、产量风险、价格风险和减灾投入成本等因素的影响。还有研究指出，农户参与农田水利建设的意愿受到文化程度、健康状况、劳动力数量、对农田水利现状评价等因素的显著影响（王克强等，2011；刘辉等，2012）。这里将影响农民参与农地整治项目评价意愿的因素分为以下四类。

（1）农民个体特征。主要是指户主的性别、年龄、教育程度、是否村干部、是否党员等。一般而言，男性户主较女性户主有更强烈的参与意识，担心打击报复的较少，敢于就农村事务发表自己的意见；而女性户主则相反。农民年龄越大，由于农业耕作经验和社会经验越丰富，外出非农务工的机会减少，对农地整理越重视，对参与项目评价越感兴趣。担任过村干部、具有党员身份的农民往往有更多的机会和途径了解国家有关农地整理政策，而且在农村事务中要起到好的带头作用，所以他们更愿意参与。

（2）农户家庭特征。主要指家庭农业收入占总收入比例（简称家庭农业收入比例）、农业劳动力数量和家庭耕地面积三个方面。家庭农业收入比例，用来反映农户对农业生产的依赖程度。一般来说，家庭农业收入比例越高，对农业生产的依赖程度越高，农民参与意愿越强烈。家庭农业劳动力数量，反映的是农户人力资源情况。在耕地面积既定的情况下，家庭农业劳动力越多则每个劳动力的负担越轻，农民更愿意参与。家庭耕地面积越多，农民受到农地整理实施的影响越大，自然农户更重视农地整理，参与意愿越强烈。

（3）农民对农地整理项目评价的认知程度。农民对农地整理项目评价的认知程度包括以下四个方面：对农地整理项目评价内容和过程的认知、对当前项目评价模式的认知、对不同评价模式代表农民利益程度的认知、对是否享有评价权利的认知。就农民对评价内容和过程的认知来看，若农民对其认知较清楚、透彻，则农民对参与项目评价更有底气、更自信，更愿意参与。农民对当前项目评价模式的认知程度，如果农民认为当前是政府主导的评价模式，没有农民说话的余地，则农民参与意愿就不会强烈；另外，当农民认为政府主导和专家主导的评价模式不能很好地反映自身利益需要时，农民又会产生强烈的参与意愿。农民对自身享有权利越清楚，则农民越倾向于参与农地整理项目评价。

（4）地方政府对农民参与评价的支持程度。其一，若地方政府重视农地整理政策宣传工作，则农民获得的相关政策信息就越充分、完整，农民参与意愿可能就越强烈；其二，地方政府对规划设计过程中农民意见越重视，则农民参与评价的意愿也就越强烈；其三，地方政府越重视农民在施工建设和竣工验收中的参与工作，则农民参与评价的意愿就越强烈。

2. 模型设定和变量定义

影响农民参与评价意愿的因素包括以下四类：第一，农民个体特征，性别（sex）、年龄（age）、教育程度（edu）、是否村干部（villcadr）、是否党员（party）；第二，农户家庭特征，农业收入比例（agriinc）、农业劳动力数量（agrilabor）、家庭耕地面积（farmland）；第三，农民对农地整理项目评价的认知程度，对农地整理项目评价内容和过程的认知（cogniev）、对当前项目评价模式的认知（cognmode）、对不同评价模式代表农民利益程度的认知（cognag1- cognag3）、对是否享有评价权利的认知（cognrigh）；第四，政府政策对农民参与评价的支持程度，农地整理政策宣传（poliprop）、农民对规划设计的意见（desiopin）、农民对施工建设的意见（consopin）、农民对竣工验收的意见（checopin）。各变量的含义详见表6.2。

由于所考察的农民参与评价意愿是一个二元选择变量，结果只有愿意和不愿意两种。令愿意=1，不愿意=0，采用二元Probit模型进行估计。

3. 模型估计结果及分析

农地整理项目农民参与评价意愿的影响因素估计结果见表6.3。从模型的对数似然值和LR统计量来看，模型的整体拟合效果很好。根据Probit模型估计结果，对农地整理项目农民参与评价意愿影响因素归纳如下。

表 6.2　农地整理项目农民参与评价意愿影响变量的定义及描述

变量名称		变量定义	均值	标准差	预期方向
农民个体特征	sex	户主性别：男性=1，女性=2	1.26	0.44	−
	age	年龄：20-30 岁=1；30-40 岁=2；40-40 岁=3；50-60 岁=4；60 岁以上=5	3.59	0.94	+
	edu	教育程度：小学=1，初中=2，高中=3，大专=4，大专以上=5	1.72	0.62	+
	villcadr	是否村干部：是村干部=1，非村干部=2	1.88	0.32	−
	party	是否党员：党员=1，非党员=2	1.96	0.19	−
农户家庭特征	agriinc	农业收入比例：农业收入/总收入（%）	0.46	0.29	+
	agrilabor	农业劳动力：实际数据（个）	1.94	0.65	+
	farmland	耕地面积：实际数据（hm^2）	7.99	4.1	+
		农民对农地整理项目评价的认知程度			
	cogniev	是否知晓农地整理评价内容和过程：是=1，否=2	1.51	0.5	−
	cognmode	当前农地整理项目评价模式：政府主导=1，专家主导=2，农民主导=3	1.19	0.39	−
	cognag1	政府主导评价反映农民利益：完全不同意=1，不同意=2，不确定=3，比较同意=4，完全同意=5	2.27	0.99	−
	cognag2	专家主导评价反映农民利益：完全不同意=1，不同意=2，不确定=3，比较同意=4，完全同意=5	2.8	0.89	−
	cognag3	农民主导评价反映农民利益：完全不同意=1，不同意=2，不确定=3，比较同意=4，完全同意=5	4.42	0.65	+
	cognrigh	是否享有评价项目权利：是=1，否=2	1.02	0.15	−
政府政策对农民参与评价的支持程度	poliprop	政府重视政策宣传：完全不同意=1，不同意=2，不确定=3，比较同意=4，完全同意=5	2.65	1.06	+
	desiopin	重视农民参与规划设计提的意见：完全不同意=1，不同意=2，不确定=3，比较同意=4，完全同意=5	2.3	0.97	+
	consopin	重视农民参与建设施工提的意见：完全不同意=1，不同意=2，不确定=3，比较同意=4，完全同意=5	2.15	0.93	+
	checopin	重视农民参与竣工验收提的意见：完全不同意=1，不同意=2，不确定=3，比较同意=4，完全同意=5	1.93	0.84	+

注：使用有效样本数 385 份

表 6.3　农民参与评价意愿的影响因素 Probit 模型估计结果

变量	回归系数	标准差	Z-统计量	P-显著性水平
age	−0.0706	0.1060	−0.6657	0.5056
edu	−0.1169	0.1605	−0.7288	0.4661
agriinc	−0.1405	0.3207	−0.4381	0.6613
agrilabor	0.2761*	0.1636	1.6876	0.0915
cogniev	−0.3964*	0.2141	−1.8513	0.0641

续表

变量	回归系数	标准差	Z-统计量	P-显著性水平
cognmode	−0.1599	0.2300	−0.6953	0.4869
cognag1	−0.2187**	0.1034	−2.1153	0.0344
cognag3	0.3983***	0.1414	2.8166	0.0049
cognrigh	−0.5997	0.4940	−1.2140	0.2247
poliprop	0.2786**	0.1307	2.1312	0.0331
desiopin	−0.2366*	0.1414	−1.6735	0.0942
C	1.3074	1.3336	0.9804	0.3269
Log likelihood	−116.0817			
LR statistic (11 df)	37.3603***			
Prob (LR stat)	0.0001			

注：***、**、*分别表示 1%、5%、10%的显著性水平；使用有效样本数 385 份

（1）农民对农民主导评价模式反映农民利益的程度的认知，在 1%的显著性水平上影响农民参与评价的意愿，其回归系数为正，与前文的理论预期一致。这表明，若农民认为农民主导的评价模式能真正代表农民利益，则农民参与评价的意愿强烈。

（2）农民对政府主导评价模式反映农民利益的程度的认知，在 5%的显著性水平上影响农民参与评价农地整理项目的意愿，其回归系数为负，与前文的理论预期一致。这表明，若农民认为政府主导的评价模式不能代表农民的利益，农民参与评价的意愿就弱；反之，若农民认为政府主导的评价模式能很好地代表农民的利益，农民参与评价的意愿就会增强。

（3）政府部门对政策宣传的重视程度、对规划设计农民所提意见的重视程度，分别在 5%、10%的显著性水平上影响农民参与农地整理项目评价的意愿。其中，政策宣传变量的回归系数为正，符合理论预期，这表明政府部门越重视政策宣传，农民参与农地整理项目评价的意愿越强烈，反之减弱。而政府部门对规划设计中农民所提意见的重视程度与农民参与农地整理项目评价的意愿呈负相关，与理论预期不一致，可能的原因是，既然政府部门如此重视农民在规划设计中所提意见，农民对政府部门会给予更多的信任，也就不愿意亲自参与农地整理项目评价了。

（4）农业劳动力数量在 10%的显著性水平上影响农民参与农地整理项目评价的意愿，其回归系数为正，与前文的理论预期一致。这说明家庭农业劳动力数量越多，农民参与农地整理项目评价的意愿越强；反之越弱。

（5）户主的年龄、受教育程度对农民参与意愿没有显著的影响，而其回归系数的符号与预期相反。可能的原因是农民的年龄越大，其接受新知识能力越差，对改善农村现状缺乏信心，导致其参与意愿反而越低；受到良好教育的农民，获得非农就业的机会较多，导致其参与农地整理项目评价的意愿降低。

（6）家庭农业收入比例对农民参与评价的意愿也没有表现出显著的影响，其回归系数的符号为负，与前文理论预期相反。可能的原因是，目前农业收入在家庭总收入中的比例一般都较低，农民在被问及农业收入时，可能存在抱怨心理，而随意回答所提问题；也可能存在

顾虑心理，不愿透露真实的收入情况。

（7）农民对农地整理项目评价内容和过程的认知程度，在10%的显著性水平上影响农民参与农地整理项目评价的意愿，其回归系数为负，与前文的理论预期一致（反向赋值）。这说明，农民对项目评价的内容和过程认知越清楚，其参与意愿越强，而那些对项目评价内容和过程一无所知的人，自然不愿意参与评价。

（8）农民对当前农地整理项目评价模式的认知，对其参与农地整理项目评价的意愿没有显著影响，回归系数的符号为负。即农民认为当前农地整理项目评价模式是政府主导或专家主导模式，他们不能真正代表自身利益，为了维护自身权益，则农民参与评价的意愿反而强烈；当农民认为当前农地整理项目评价模式已经是农民自己主导的评价模式时，农民的参与意愿反而降低。

6.3　农地整理项目农民主导的评价机制构建

6.3.1　农民主导的评价方式选择

通过调研，农地整理项目农民主导的评价有两种可供选择的方式：第一种方式是在不改变现有评价流程的基础上，吸纳更多的农民代表参与评审会，并让农民代表有表决权；第二种方式是改变现有的评价程序，增设农民评价前置流程和后置流程，提高农民组织在评价中的决策权。

第一种方式，不改变目前的评价流程，增加农民代表人数以调整评审人员数量与结构，并实行一人一票、人人平等的投票原则。只要农民代表超过一定的比例，就可能解决现行评价制度所存在的问题，使评价结果符合农民利益。虽然这一方式的运行成本较低，阻力较小，但是仍然存在如下不足：第一，现行评价指标与标准，侧重于管理部门便于实施管理，农民利益可能考虑较少；第二，现行评价指标与标准，学术更重，受文化水平的制约，农民可能看不懂或懂得较少，进而导致农民无法表达意见，维护自己的权益，甚至会因为观点相反而导致农民与评审专家对立；第三，部分参与评价的农民，可能因私心，赞成对自己有利、但对整体不利的方案。

第二种方式，是在原有的评价程序中，增加农民评价的前置流程和后置流程。所谓前置流程，是指在各项评价的专家评审之前，增设农民组织评价程序，只有通过农民组织的评价，方可进入专家评审程序；所谓后置流程，是指在各项评价的专家评审之后，增设农民组织认可程序，只有获得农民组织认可的专家评审结果，方可实施。该方式可以有效解决第一种方式所存在的问题，但仍然存在以下问题：第一，因改变现行的评价决策流程，改变现行制度可能会遇到较大的阻力；第二，项目评价的时间成本较高，可能影响项目实施进度；第三，有些地方农民自发成立的民间组织不足，农民组织需要培育。

通过比较上述两种评价方式的优缺点，同时根据目前有关农村和农业发展政策，本书认为第二种评价方式应成为今后农民主导的评价方式。

6.3.2　农民主导的评价指标体系

1. 立项阶段的评价指标体系

农地整理的任务主要是通过采取田、水、路、林、村等综合整治措施，提高农业基础设施抗灾能力，克服农业生产上面临的障碍因素，以达到增加耕地面积、提高耕地质量、改善农村生态环境、促进现代农业发展的目标。农业基础设施抗灾能力、农业生产障碍因素与农民农业生产息息相关，提高农业基础设施抗灾能力、克服农业生产的障碍因素符合农民的利益需求。当前影响农业生产的主要因素有自然灾害、农业基础设施及耕地资源禀赋，所以本书基于农民视角，从农业自然灾害状况、农业基础设施状况及耕地资源禀赋状况三个方面来构建农地整理项目立项决策评价指标体系。各评价指标的具体含义如下（文高辉 等，2015）。

（1）农业自然灾害状况评价指标主要包括当地发生干旱、洪涝灾害的频率，以及灾害对农业生产的影响程度[①]。农业自然灾害发生频率越高，自然灾害对农业生产影响程度越大，说明当地农业自然灾害状况越严重，农民对农地整理项目需求的紧迫度越高。

（2）农业基础设施状况评价指标主要包括田块不平整程度、水土流失程度[②]、灌渠布局不合理程度、灌渠淤积程度、排水沟布局不合理程度、排水沟淤积程度、蓄水池及塘堰淤积程度、泵站水闸等水工建筑难以使用程度、田间道路布局不合理程度、田间道路破损程度、农田防护林布局不合理程度、农村环境污染程度[③]。这些指标相应程度越高，说明当地农业生产基础条件越差，农民对农地整理项目需求的紧迫度越高。

（3）耕地资源禀赋状况评价指标主要包括田块细碎化程度[④]、田块分散程度[⑤]、土壤酸碱度不适合耕作程度、土壤贫瘠程度、宜耕荒地面积、宜耕闲置宅基地面积、宜耕废弃工矿用地面积。这些指标越大，说明当地耕地质量提升潜力和耕地面积增加潜力越大，农民对农地整理项目需求的紧迫度越高。

从农民视角对农地整理项目立项决策进行评价，就是依据农民对拟定的农地整理项目区的农业自然灾害、农业基础设施和耕地资源禀赋状况进行综合考量的结果，来判定农民对农地整理项目需求的紧迫度。农民对农地整理项目需求的紧迫度越高的项目，应予以优先立项。为准确测算紧迫度的大小，本书采用利克特量表作为紧迫度测量工具，将评价结果分为五个等级，具体度量方法详见表 6.4。

表 6.4　农地整理项目立项决策农民评价指标体系

目标层 A	准则层 B	指标层 C
农地整理项目立项决策综合评价	农业自然灾害状况 B_1（0.156）	干旱灾害发生频率 C_1（0.238）
		干旱灾害对农业生产的影响程度 C_2（0.223）

---

① 自然灾害对农业生产的影响程度从受灾面积和产量两个方面综合考虑
② 水土流失程度从水土流失的面积和严重性两个方面综合考虑
③ 农村环境污染程度从村庄内部水体污染程度和血吸虫危害程度两个方面综合考虑
④ 田块细碎化程度从农户承包地的块均面积来衡量，块均面积越小，细碎化程度越高
⑤ 田块分散程度是指农户承包地块之间的远近程度

目标层 A	准则层 B	指标层 C
农地整理项目立项决策综合评价	农业自然灾害状况 B_1（0.156）	洪涝灾害发生频率 C_3（0.359）
		洪涝灾害对农业生产的影响程度 C_4（0.179）
	农业基础设施状况 B_2（0.552）	田块不平整程度 C_5（0.102）
		水土流失程度 C_6（0.085）
		灌渠布局不合理程度 C_7（0.137）
		灌渠淤积程度 C_8（0.110）
		排水沟布局不合理程度 C_9（0.062）
		排水沟淤积程度 C_{10}（0.054）
		蓄水池、塘堰淤积程度 C_{11}（0.089）
		泵站、水闸等水工建筑难以使用程度 C_{12}（0.067）
		田间道路布局不合理程度 C_{13}（0.053）
		田间道路破损程度 C_{14}（0.134）
		农田防护林布局不合理程度 C_{15}（0.054）
		农村环境污染程度 C_{16}（0.054）
	耕地资源禀赋状况 B_3（0.292）	田块细碎化程度 C_{17}（0.150）
		田块分散程度 C_{18}（0.090）
		土壤酸碱度不适合耕作程度 C_{19}（0.165）
		土壤贫瘠程度 C_{20}（0.088）
		宜耕荒地面积 C_{21}（0.208）
		宜耕闲置宅基地面积 C_{22}（0.157）
		宜耕废弃工矿用地面积 C_{23}（0.141）

2. 规划设计阶段的评价指标体系

当前政府主导的规划设计评价，主要是从项目基本指标、规划设计内容、工程总体平面布局方案、主要单项工程设计、图件及主要工程量等内容进行的，虽然评价内容包含了规划设计的合理性，但从农民视角来衡量规划设计方案的合理性，做得远远不够。项目规划设计阶段农民主导的评价机制，不仅要从农民的角度考察项目过程，还要从农民的角度来考察项目结果（李文静，2013），具体指标详见表6.5。

表 6.5 项目规划设计阶段农民评价指标

目标层	准则层	指标层
规划设计方案满意度分值	过程评价指标	规划设计人员到项目区征求农民意见的次数
		规划设计人员到项目区征求农民意见的广度
		规划设计人员工作态度
		农民意见吸纳程度

续表

目标层	准则层	指标层
规划设计方案满意度分值	结果评价指标	水源工程措施规划设计的合理性
		提水工程措施规划设计的合理性
		输水工程措施规划设计的合理性
		排涝降渍工程措施规划设计的合理性
		田块归并工程措施规划设计的合理性
		水土保持工程措施规划设计的合理性
		田间道路工程措施规划设计的合理性
		环境污染治理工程措施规划设计的合理性

3. 施工建设与竣工验收阶段的评价指标体系

针对目前农地整理项目施工建设与竣工验收阶段评价所存在的问题，本书在构建施工建设及竣工验收阶段农民评价指标体系时，从农民的视角，从施工过程和结果两个维度构建评价指标（李文静，2013），详见表 6.6。

表 6.6　项目施工建设及竣工验收阶段农民评价指标

目标层	准则层	指标层
施工建设质量满意度分值	过程评价指标	施工单位人员的施工态度
		设计变更方案征询农民意见的情况
		监理单位人员的工作态度
	结果评价指标	水源工程措施运行效果及发挥设计功能的程度
		提水工程措施运行效果及发挥设计功能的程度
		输水工程措施运行效果及发挥设计功能的程度
		排涝降渍工程措施运行效果及发挥设计功能的程度
		田块归并工程措施运行效果及发挥设计功能的程度
		水土保持工程措施运行效果及发挥设计功能的程度
		田间道路工程措施运行效果及发挥设计功能的程度
		环境污染治理工程措施运行效果及发挥设计功能的程度

4. 后期管护阶段的评价指标体系

平衡计分卡（balanced score card，BSC）来源于企业的绩效考核。20 世纪末，人们逐渐认为财务绩效指标无法适应现代组织的绩效评价要求，哈佛大学教授罗伯特·卡普兰（Robert Kaplan）和全球复兴公司总裁戴维·诺顿（David Norton）于 1990 年开始研究"未来组织绩效衡量方法"。1992 年《哈佛商业评论》上发表首篇关于平衡计分卡的文章,提出了平衡计分卡的概念。经典的平衡计分卡从财务、顾客、内部流程、学习与成长四个层面开展绩效研究。但平衡计分卡并不是将上述四个层面进行简单相加,而是强调上述四个层面应具备内在因果逻辑关系,即上述四个方面不仅是重要指标或因素的集合,而且包括一系列相互联系的目标和联系方法,因果链条布满平衡计分卡的所有方面(袁勇志,2010)。平衡计分卡方法逐渐被推广到政府及非营利组织的公共管理中(张定安,2004)。近年来,有学者将平衡计分卡方法引入土地管理领域的学术研究(范柏乃 等,2014)。

　　根据平衡计分卡的四个层面,结合农地整理项目后期管护的特征,本书从财务、顾客、管护制度与流程、学习与成长四个层面构建农地整理项目后期管护绩效评价指标体系(图 6.1)。

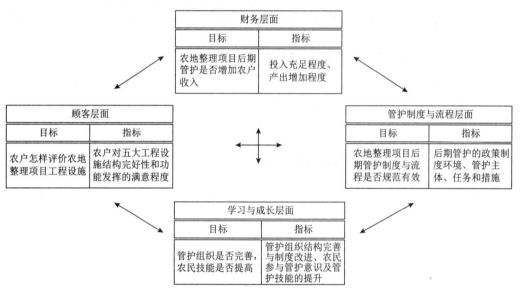

图 6.1　平衡计分卡与绩效评价指标的联系示意图

　　如图 6.1 所示,财务层面的目标是解决"农地整理项目后期管护是否增加农户收入"的问题,其衡量指标主要涉及投入和产出两方面,即管护资金和管护劳力是否充足、农业生产成本降低和粮食产量增加情况。顾客层面的目标是解决"农户怎样评价农地整理项目工程设施"的问题。农地整理项目后期管护的对象就是农地整理项目工程设施,即土地平整、灌溉排水、田间道路、农田防护和村庄整理工程设施。顾客层面的指标主要包括农户对农地整理项目工程设施结构完好性和功能发挥的满意程度。管护制度与流程层面的目标是解决"农地整理项目后期管护制度与流程是否规范有效"的问题,其衡量指标主要包括项目后期管护的政策制度环境是否完善、管护主体与人员是否明确、管护任务是否明确、管护措施是否及时有效。学习与成长层面的目标是解决"管护组织是否完善,农民技能是否提高"的问题,其衡量指标主要包括管护组织结构完善与制度改进情况、农民参与管护意识及管护技能的提升情况。指标体系详见表 6.7(李金玉 等,2016)。

表 6.7　农地整理项目后期管护绩效评价指标体系

总目标层	目标层（权重）	中间层（排序）	指标层（排序）	指标内涵
A 农地整理项目建后管护绩效	A_1 财务层面（0.153）	B_1 投入（1）	C_1 管护资金投入充足程度（3）	农地整理项目建后管护的资金投入是否充足，以保障管护主体采取各项必需的管护措施进行有效管护
			C_2 管护劳力投入充足程度（6）	农地整理项目建后管护的劳力投入是否充足，以保障管护主体采取各项必需的管护措施进行有效管护
		B_2 产出（2）	C_3 农业生产成本的降低程度（26）	实施建后管护措施，农户农业生产成本降低程度
			C_4 粮食产量的增加程度（28）	实施建后管护措施，农户粮食产量提高程度
	A_2 顾客层面（0.181）	B_3 土地平整工程（4）	C_5 农户对田块平整工程的结构完好性、功能发挥的满意程度（27）	田块是否平整，田块表层土是否被挖损和压占，田面是否能正常种植粮食作物
			C_6 农户对田埂修筑工程的结构完好性、功能发挥的满意程度（22）	田埂与田坎是否被挖损或破坏，田埂与田坎是否能正常行走及保水保肥
		B_4 灌溉排水工程（1）	C_7 农户对塘堰、灌溉泵站、管道、机井等灌溉设施的结构完好性、功能发挥的满意程度（19）	塘堰、灌溉泵站、管道、机井等灌溉设施是否被盗，是否淤积堵塞，是否破损，是否能正常运行并发挥功能
			C_8 农户对排涝泵站、排水沟等排涝排水设施的结构完好性、功能发挥的满意程度（15）	排涝泵站、排水沟等排涝排水设施是否被盗，是否淤积堵塞，是否破损，是否能正常运行并发挥功能
		B_5 田间道路工程（3）	C_9 农户对机耕道、机耕桥的结构完好性、功能发挥的满意程度（23）	机耕道、机耕桥是否被挖损、压占，是否被损坏，能否正常通行并发挥功能
			C_{10} 农户对人行道、人行桥的结构完好性、功能发挥的满意程度（25）	人行道、人行桥是否被挖损、压占，是否被损坏，是否能正常通行并发挥功能
		B_6 村庄整理工程（2）	C_{11} 农户对村庄内部工程设施的结构完好性、功能发挥的满意程度（20）	村庄内部道路、排水沟（管）、塘堰、晒场等工程设施是否被破坏，能否正常使用并发挥功能
			C_{12} 农户对村庄内部环境的满意程度（17）	村庄内部污水是否漫流，塘堰沟道是否发臭，垃圾是否到处乱堆，房前屋后是否杂乱无章
	A_3 管护制度与流程层面（0.529）	B_7 管护环境（1）	C_{13} 内部管护制度是否完善有效（4）	是否有规范统一、正式成文的建后管护内部规章制度
			C_{14} 外部监督制度是否完善有效（2）	是否有规范统一、正式成文的建后管护外部监督制度
			C_{15} 政策制度宣传是否到位（1）	是否将内部管护制度和外部监督制度进行宣传，农户是否有途径了解各项制度
		B_8 管护主体（3）	C_{16} 管护主体是否明确（13）	是否有明确的管护主体
			C_{17} 管护人员是否明确（5）	是否有固定的管护人员
			C_{18} 农民参与是否积极（14）	农民是否积极参与农地整理项目建后管护工作

总目标层	目标层（权重）	中间层（排序）	指标层（排序）	指标内涵
A 农地整理项目建后管护绩效	A_3 管护制度与流程层面（0.529）	B_9 管护任务（4）	C_{19} 管护对象是否明确（24）	是否有明确的管护对象（不同地区农地整理项目建设的工程设施不同，管护对象也不同）
			C_{20} 管护目标是否明确（18）	是否有明确的管护任务及目标
		B_{10} 管护措施（2）	C_{21} 巡查的及时性与有效性（7）	对项目区进行巡查的频率是否合理，能否在第一时间发现工程设施存在的各种隐患
			C_{22} 劝阻的及时性与有效性（12）	能否在第一时间对各类人为破坏工程设施的行为进行规劝和制止
			C_{23} 修复的及时性与有效性（9）	能否对各类损坏的工程设施进行及时修复，能否保证工程设施的结构完整性和功能正常性
			C_{24} 调处的及时性与有效性（16）	是否能在第一时间调处各类纠纷，是否能有效修复关系并重新建立良好的秩序
	A_4 学习与成长层面（0.138）	B_{11} 管护组织（1）	C_{25} 组织结构完善程度（10）	管护组织在实施建后管护过程中不断完善组织构建的程度
			C_{26} 管护制度改进程度（8）	管护组织在实施建后管护过程中不断改进管护制度的程度
		B_{12} 农民（2）	C_{27} 参与意识提升程度（21）	农民参与农地整理项目建后管护的意识是否得到提升
			C_{28} 管护技能提升程度（11）	农民的管护技能是否得到提升

注：①表中 28 个指标均为正向指标；②在实际调研过程中发现，调查区域内农田防护工程设施较少，因此，没有考虑农田防护工程；③调查区域内农地整理项目工程设施建设质量较高，农民满意度较高，因此，没有考虑工程设施的质量差异

6.3.3 案例分析 I：立项阶段农民主导的评价

1. 数据预处理

设在多目标决策分析中有 m 个评价目标：$D_1, D_2, \cdots, D_m$，每个评价目标有 n 个评价指标：$X_1, X_2, \cdots, X_n$，每个评价目标有 p 个农民对其进行评价，某个农民对评价目标 D_i 在评价指标 X_j 下的评价指标值为 x_{kij}。假定农民对拟定的农地整理项目区的农业自然灾害、农业基础设施及耕地资源禀赋状况的判断是中肯的，由于每个农民的自身素质、家庭特征和所处环境存在差异，一个项目区的农民可能对同一指标的评价存在不同的看法。为了消除这种差异，本书采用均值法将 p 个农民的评价结果转化为单个农民的评价结果。单个农民对评价目标 D_i 在评价指标 X_j 下的评价指标值为 x_{ij}：

$$x_{ij} = \frac{1}{p}\sum_{k=1}^{p} x_{kij}, \quad i=1,2,\cdots,m; j=1,2,\cdots,n \tag{6.1}$$

2. 评价方法

本书采用基于熵权改进的 TOPSIS 法进行研究。

1）数据规范化

首先，根据单个农民对评价目标 D_i 在评价指标 X_j 下的指标值 x_{ij}，建立单个农民的多目标决策矩阵 $\boldsymbol{D}=\{x_{ij}\}_{m\times n}$。然后，采用极值标准化法对评价指标数据进行规范化处理，它反映评价指标实际值在该指标权重中所处的位置，得到规范化向量 r_{ij}，建立关于规范化向量 r_{ij} 的规范化决策矩阵：

$$r_{ij}=\frac{x_{ij}-x_{j\min}}{x_{j\max}-x_{j\min}}\qquad(6.2)$$

式中：$x_{j\max}$ 和 $x_{j\min}$ 分别表示第 j 个评价指标的最大值和最小值。

2）确定指标权重，构造权重规范化矩阵

常见的确定权重的方法有很多，如熵权系数法、专家打分法、层次分析法和二元对比排序法等。由于在确定综合评价指标权重时，熵权系数法可以减少人为因素对评价结果的影响，从而使评价结果更具科学性和有效性。因此，本书采用熵权系数法来确定指标权重 w_j。

（1）计算第 j 个评价指标的规范化向量 r_j 的熵：

$$E_j=-k\sum_{i=1}^{m}f_{ij}\ln f_{ij}\qquad(6.3)$$

式中：$f_{ij}=\dfrac{r_{ij}}{\sum\limits_{i=1}^{m}r_{ij}}$；$k=1/\ln m$；$0\leqslant E_j\leqslant 1$，并假定当 $f_{ij}=0$ 时，$f_{ij}\ln f_{ij}=0$。指标 j 的熵 E_j 越大，说明各评价目标在该指标上的取值与该指标最优值的差异程度越小。

（2）计算第 j 个评价指标的熵权系数 w_j：

$$w_j=\frac{1-E_j}{n-\sum\limits_{j=1}^{n}E_j}\qquad(6.4)$$

根据熵权系数和规范化决策矩阵，建立关于加权规范化值 v_{ij} 的加权规范化决策矩阵：

$$v_{ij}=w_j\cdot r_{ij}\qquad(6.5)$$

3）改进的 TOPSIS 法

TOPSIS 法是一种常用的有限方案多目标决策分析法。它通过归一化后的数据规范化矩阵，找出多个目标中最优目标和最劣目标，分别计算各评价目标与正理想解和负理想解的距离，获得各评价目标与正理想解的贴近度，以此作为评价目标优劣的依据。贴近度 $C_i(0\leqslant C_i\leqslant 1)$ 越大，表明农民对第 i 个农地整理项目需求越迫切；反之，需求不迫切。与传统的 TOPSIS 法相比较，改进的 TOPSIS 法主要是对评价对象与正理想解和负理想解的计算公式进行了改进（文高辉 等，2014；鲁春阳 等，2011）。

3. 研究区域选择与数据来源

1）研究区域选择

湖北省划分了 3 个一级农地整理工程类型区（鄂东低山丘陵类型区、鄂中平原类型区、鄂西山地高原类型区）和 7 个农地整理二级工程模式区（低山工程模式区、丘陵工程模式区、平岗工程模式区、岗前平原工程模式区、水网圩田平原工程模式区、河（沟）谷盆地工程模式区、溶岩坪坝工程模式区）。本书选择农地整理项目较多且较为典型的鄂中平原类型区的平岗工程模式区、岗前平原工程模式区和水网圩田平原工程模式区作为研究区域。

孝感市孝南区属于岗前平原工程模式区，位于江汉平原东北部。该模式区内选择 2 个农地整理项目作为调查区域，它们分别是孝南区陡岗镇基本农田土地整理项目（简称陡岗项目）、孝南区肖港镇基本农田土地整理项目（简称肖港项目）。随州市随县属于平岗工程模式区，位于鄂北岗地。该模式区内选择 2 个农地整理项目作为调查区域，它们分别是随县安居镇基本农田土地整理项目（简称安居项目）、随县新街镇整体推进农村土地整治示范建设工程项目（简称新街项目）。潜江市属于水网圩田平原工程模式区，位于江汉平原腹地。该模式区内选择 2 个农地整理项目作为调查区域，它们分别是潜江市浩口镇高产农田建设示范工程项目（简称浩口项目）、潜江市熊口镇基本农田（血防）"兴地灭螺"工程土地整理项目（简称熊口项目）。

2）数据来源

笔者于 2013 年 11 月～12 月，深入上述项目区，采取随机抽样的办法，进行访谈式农户问卷调查，得到有效样本 236 份，其中，陡岗项目 39 份，肖港项目 40 份，安居项目 18 份，新街项目 49 份，浩口项目 38 份，熊口项目 52 份。

4. 测算结果与分析

1）基于简单算术平均法的测算结果及其分析

对有效样本数据进行整理得到简单算术平均法测算结果（表 6.8）。由表 6.8 可知，肖港项目的 23 个评价指标总的简单算术平均值最高，为 3.085；其次是新街项目，为 2.966；再次是安居项目，为 2.816；平均值排列第四、第五、第六的项目依次是陡岗项目（2.761）、浩口项目（2.635）、熊口项目（2.438）。若根据各项目评价指标的简单算术平均值的高低来判断农民对农地整理项目需求的迫切度，农地整理项目立项优先顺序为：肖港项目、新街项目、安居项目、陡岗项目、浩口项目、熊口项目。但是，农民对每个指标的判断存在差异，致使评价结果产生较大的偏差。安居项目评价指标总的标准差最大，为 0.911；其次是肖港项目，为 0.910；再次是新街项目，为 0.835；标准差排列第四、第五、第六的项目依次是陡岗项目（0.817）、浩口项目（0.814）、熊口项目（0.706）。

从农业自然灾害状况来看，农业自然灾害发生频率、自然灾害对农业生产影响程度最高的项目是安居项目，其次是浩口项目，其后依次是肖港项目、熊口项目、新街项目和陡岗项目。从农业基础设施状况来看，农业生产基础条件最差的项目是肖港项目，其次是新街项目，其后依次是陡岗项目、浩口项目、安居项目和熊口项目。从耕地资源禀赋状况来看，耕地质量提升潜力和耕地面积增加潜力最大的项目是肖港项目，其次是新街项目，其后依次是安居项目、陡岗项目、浩口项目和熊口项目。

表 6.8　简单算术平均法测算结果

准则层	指标	陡岗项目	肖港项目	安居项目	新街项目	浩口项目	熊口项目
农业自然灾害状况 B_1	C_1	2.513	2.900	3.444	3.469	3.079	2.731
	C_2	3.615	3.550	4.500	4.082	3.789	3.154
	C_3	2.103	2.625	1.778	1.714	3.289	3.212
	C_4	3.744	3.975	4.333	2.816	3.579	3.462
	均值	2.994	3.263	3.514	3.020	3.434	3.139
	标准差	0.811	0.613	1.247	1.012	0.313	0.303
农业基础设施状况 B_2	C_5	1.949	1.775	2.500	3.265	2.053	1.615
	C_6	2.333	2.625	2.278	2.449	1.895	1.923
	C_7	2.538	3.500	2.667	3.020	2.632	2.500
	C_8	3.154	3.800	3.056	3.408	3.579	3.096
	C_9	2.692	3.250	2.222	3.143	2.763	2.500
	C_{10}	3.205	3.850	2.722	3.347	3.605	3.192
	C_{11}	2.897	3.750	2.556	3.980	3.263	2.712
	C_{12}	3.462	3.800	3.333	3.204	2.658	2.846
	C_{13}	2.667	2.850	2.944	2.878	2.763	2.808
	C_{14}	3.179	3.200	3.222	3.163	3.474	3.288
	C_{15}	2.769	2.875	2.722	2.653	2.421	2.231
	C_{16}	2.821	3.200	1.722	2.592	2.184	2.692
	均值	2.806	3.206	2.662	3.092	2.774	2.617
	标准差	0.418	0.612	0.454	0.417	0.593	0.502
耕地资源禀赋状况 B_3	C_{17}	4.718	4.900	4.278	4.449	2.132	2.000
	C_{18}	4.000	4.475	4.500	4.551	3.474	2.519
	C_{19}	2.026	2.200	1.944	2.163	2.105	1.962
	C_{20}	2.128	2.500	1.722	2.469	2.289	2.212
	C_{21}	1.462	1.500	2.389	2.122	1.079	1.058
	C_{22}	2.308	2.675	2.500	2.061	1.368	1.308
	C_{23}	1.231	1.175	1.444	1.224	1.132	1.058
	均值	2.553	2.775	2.683	2.720	1.940	1.731
	标准差	1.306	1.415	1.223	1.274	0.843	0.586
总均值		2.761	3.085	2.816	2.966	2.635	2.438
总标准差		0.817	0.910	0.911	0.835	0.814	0.706

2）基于熵权改进的 TOPSIS 法测算结果及其分析

上述分析结果是基于评价指标是等价重要的，即评价指标权重相同。但是，各评价指标对评价结果的重要性不一定是相等的。由上述标准差分析结果可知，若采用相同权重来评价，可能会造成评价结果偏离实际。为了减少人为因素对评价结果的影响，下面采用熵权系数法来确定评价指标的权重。

采用基于熵权改进的 TOPSIS 法对上述 6 个项目立项决策评价进行计量分析，得到农地整理项目立项决策评价结果（表 6.9）。由表 6.9 可知，从农地整理项目立项决策综合评价来看，肖港项目立项应最优先（0.617），其次是新街项目（0.553），其后依次是浩口项目（0.453）、安居项目（0.448）、陡岗项目（0.360）和熊口项目（0.275）。在岗前平原工程模式区，肖港项目立项应优先于陡岗项目；在平岗工程模式区，新街项目立项应优先于安居项目；在水网圩田平原工程模式区，浩口项目立项应优先于熊口项目。上述结果较好地反映了农民对农地整理项目需求的紧迫度，但上述项目实际的立项先后顺序与本书评价结果不完全一致。

由此可见，当前政府主导的农地整理项目立项决策评价没有充分考虑农民对农地整理项目需求的紧迫度，也就是说，没有全面考虑农地整理项目区的综合整治潜力，致使有限的农地整理资金这一公共资源没有发挥更大的作用，资源配置效率受到损失。因此，改革当前政府主导的项目立项决策制度，将农民参与引入到项目立项决策中，建立新型的农民主导的项目立项决策评价机制，具有非常重要的意义。

表 6.9　农地整理项目立项决策农民评价结果

项目	农业自然灾害状况 B_1	农业基础设施状况 B_2	耕地资源禀赋状况 B_3	立项决策综合评价
陡岗项目	0.289	0.298	0.516	0.360
肖港项目	0.510	0.622	0.646	0.617
安居项目	0.517	0.313	0.627	0.448
新街项目	0.411	0.537	0.716	0.553
浩口项目	0.699	0.469	0.291	0.453
熊口项目	0.535	0.226	0.131	0.275

6.3.4　案例分析 II：规划设计与竣工验收阶段农民主导的评价

1. 调查区域与数据来源

本节选择如下三个农地整理项目作为调查区域：湖北省监利县新沟镇永丰垸基本农田土地整理项目（简称新沟项目）、湖北省仙桃市毛嘴两个镇基本农田土地整理"兴地灭螺"工程项目剅河片（简称剅河项目）、湖北省仙洪新农村建设试验区仙桃片张沟高效种养基地土地整理项目（简称张沟项目）。

笔者于 2013 年 1 月，深入上述项目区，采取随机抽样的办法，进行访谈式农户问卷调查，得到有效样本 99 份，其中，新沟项目 22 份，剅河项目 29 份，张沟项目 48 份。

2. 评价方法

这里采用农民"满意度"指标来进行项目规划设计与竣工验收阶段的评价。在农户问卷中，对每个指标设置"不满意、较不满意、一般、较满意、满意"五个选项。农民对某个指标的满意度为一般[①]、较满意、满意，即可认为农民对此指标认可；将对某个指标认可的农民数量占受访农民总数的比例，称为"农民认可率"。若某个项目区内各行政村的"农民认可率"均超过 2/3，即可认为此项目的评价结果为合格[②]，其规划设计、竣工验收准予通过。

3. 评价结果与分析

1）项目规划设计阶段

表 6.10 和表 6.11 显示，农民对新沟项目规划设计过程的满意度低于对规划设计结果的满意度；由于新兰村对提水与输水工程的"农民认可率"未达到 2/3，则评审结果为不合格，该项目规划设计阶段农民主导的评价结果为不合格。

表 6.10　新沟项目规划设计阶段农民满意度

	评价内容	满意	较满意	一般	较不满意	不满意	农民满意率/%
过程指标	征询次数	0	4	6	7	5	18.18
	征询人数	0	0	4	13	5	0.00
	工作态度	0	2	6	12	2	9.09
	农民意见采纳	0	0	0	8	14	0.00
结果指标	提水工程	1	5	6	7	3	27.27
	输水工程	2	10	6	3	1	54.55
	排涝降渍工程	1	7	12	1	1	36.36
	田块归并工程	0	12	10	0	0	54.55
	田间道路工程	1	10	8	2	1	50.00
	污染治理工程	0	15	4	2	0	71.43

注：项目区涉及 22 个村小组；该项目区不涉及水源工程、水土保持工程；新兰村 1 组不涉及污染治理工程；农民满意率为满意度达到"较满意"及以上的比例

表 6.11　新沟项目规划设计阶段农民评价结果

单项工程行政村	提水工程	输水工程	排涝降渍工程	田块归并工程	田间道路工程	污染治理工程
新兰村	×	×	√	√	√	√
白龙村	√	√	√	√	√	√
雷河村	√	√	√	√	√	√
单项工程评价结果	×	×	√	√	√	√
项目评价结果			×			

注：√代表合格；×代表不合格

[①] 一般认为满意度达到"一般"即同意修改后通过
[②] 目前农地整理项目评价遵循 2/3 通过准则，故农民评价也依此设定通过原则

　　表 6.12 和表 6.13 显示，农民对刽河项目规划设计过程的满意度较低，对规划设计结果的满意度较高；刽河项目各行政村对各单项工程的规划设计结果的"农民认可率"均超过了 2/3，所以规划设计阶段农民主导的评价结果为合格。

表 6.12　刽河项目规划设计阶段农民满意度

	评价内容	满意	较满意	一般	较不满意	不满意	农民满意率/%
过程指标	征询次数	1	5	12	10	1	20.69
	征询人数	0	3	16	10	0	10.34
	工作态度	0	11	5	11	2	37.93
	农民意见采纳	0	0	4	18	7	0.00
结果指标	水源工程	0	5	0	0	0	100.00
	提水工程	5	23	1	0	0	96.55
	输水工程	7	16	6	0	0	79.31
	排涝降渍工程	7	14	7	1	0	72.41
	田块归并工程	3	17	5	0	0	80.00
	田间道路工程	11	15	3	0	0	89.66
	污染治理工程	2	23	4	0	0	86.21

　　注：项目区涉及 29 个村小组；项目区内不涉及水土保持工程；刘湾村不涉及田块归并工程；5 个小组涉及水源工程；农民满意率为满意度达到"较满意"及以上的比例

表 6.13　刽河项目规划设计阶段农民评价结果

行政村	水源工程	提水工程	输水工程	排涝降渍工程	田块归并工程	田间道路工程	污染治理工程
胡湾村	√	√	√	√	√	√	√
王湾村		√	√	√	√	√	√
夏场村	√	√	√	√	√	√	√
刘湾村		√	√	√		√	√
单项工程评价结果	√	√	√	√	√	√	√
项目评价结果				√			

　　注：表中空白即该村不涉及此项工程；√代表合格，×代表不合格

　　表 6.14 和表 6.15 显示，农民对张沟项目规划设计过程的满意度低于对规划设计结果的满意度；由于庆丰村对田块归并工程的"农民认可率"未达到 2/3，则评审结果为不合格，该项目规划设计阶段农民主导的评价结果为不合格。

表 6.14　张沟项目规划设计阶段农民满意度

	评价内容	满意	较满意	一般	较不满意	不满意	农民满意率/%
过程指标	征询次数	0	14	12	16	6	29.17
	征询人数	1	9	11	25	2	20.83
	工作态度	1	6	21	17	3	14.58
	农民意见采纳	0	0	2	28	18	0.00
结果指标	提水工程	4	34	10	0	0	79.17
	输水工程	1	35	8	4	0	75.00
	排涝降渍工程	2	29	11	6	0	64.58
	田块归并工程	1	20	8	3	0	65.63
	田间道路工程	11	23	13	1	0	70.83
	污染治理工程	5	26	17	0	0	64.58
	水土保持工程	0	3	0	0	0	100.00

注：项目区共 48 个村小组；项目区不涉及水源工程；3 个村小组涉及水土保持工程；32 个村小组涉及田块归并工程；农民满意率为满意度达到"较满意"及以上的比例

表 6.15　张沟项目规划设计阶段农民评价结果

单项工程	提水工程	输水工程	排涝降渍工程	田块归并工程	田间道路工程	水土保持工程	污染治理工程
东升村	√	√	√	√	√		√
红光村	√	√	√	√	√		√
庆丰村	√	√	√	×	√	√	√
杨桥村	√	√	√		√		√
肖脑村	√	√	√	√	√		√
杨庄村	√	√	√	√	√		√
宋场村	√	√	√	√	√		√
单项工程评价结果	√	√	√	×	√	√	√
项目评价结果	×						

注：表中空白即该村不涉及此项工程；√代表合格；×代表不合格

2）项目施工验收阶段

表 6.16 和表 6.17 显示，农民对新沟项目施工过程和施工结果的满意度都低。新兰村和雷河村对提水、输水、排涝降渍及道路工程的"农民认可率"未达到 2/3，所以新沟项目施工验收阶段农民主导的评价结果为不合格，项目验收不通过。

表 6.16　新沟项目施工验收阶段农民满意度

	评价内容	满意	较满意	一般	较不满意	不满意	农民满意率/%
过程指标	按方案施工	0	3	8	11	0	13.64
	变更意见征询	0	0	0	14	8	0.00
	变更意见采纳	0	0	1	9	12	0.00
	施工进度	0	6	12	4	0	27.27
	权属调整方案	0	4	9	9	0	18.18
结果指标	提水工程	1	4	3	6	8	22.73
	输水工程	1	2	5	5	9	13.64
	排涝降渍工程	0	4	4	5	9	18.18
	田块归并工程	0	9	10	2	1	40.91
	田间道路工程	1	3	4	7	7	18.18
	污染治理工程	0	10	9	3	0	45.45
	农地权属调整结果	1	11	7	2	0	57.14

注：项目区涉及 22 个村小组；该项目区不涉及水源工程、水土保持工程；白龙村 3 组不涉及权属调整；农民满意率为满意度达到"较满意"及以上的比例

表 6.17　新沟项目施工验收阶段农民评价结果

单项工程	提水工程	输水工程	排涝降渍工程	田块归并工程	田间道路工程	污染治理工程	农地权属调整结果
新兰村	×	×	×	√	×	√	√
白龙村	√	√	√	√	√	√	√
雷河村	×	×	×	√	×	√	√
单项工程评价结果	×	×	×	√	×	√	√
项目评价结果				×			

注：√代表合格；×代表不合格

　　表 6.18 和表 6.19 显示，农民对刢河项目施工验收阶段的满意度较低；就过程与结果而言，对施工结果（即施工质量）的满意度较高，对过程的满意度更低。多个行政村对排涝降渍工程、水源工程、输水工程的"农民认可率"未达到 2/3，所以刢河项目施工验收阶段农民主导的评价结果为不合格，项目验收不通过。

表 6.18　刢河项目施工验收阶段农民满意度

	评价内容	满意	较满意	一般	较不满意	不满意	农民满意率/%
过程指标	按方案施工	0	2	19	7	1	6.90
	变更意见征询	0	0	5	18	6	0.00
	变更意见采纳	0	0	3	17	9	0.00

	评价内容	满意	较满意	一般	较不满意	不满意	农民满意率/%
过程指标	施工进度	0	1	26	2	0	3.45
	权属调整方案	0	7	17	1	0	28.00
结果指标	水源工程	0	0	1	4	0	0.00
	提水工程	1	19	8	1	0	68.97
	输水工程	0	2	13	12	2	6.90
	排涝降渍工程	0	3	9	13	4	10.34
	田块归并工程	0	12	8	3	2	48.00
	田间道路工程	0	7	17	5	0	24.14
	污染治理工程	0	11	16	2	0	37.93
	农地权属调整结果	0	15	9	1	0	60.00

注：项目区涉及 29 个村小组；项目区内不涉及水土保持工程；刘湾村不涉及田块归并工程；5 个小组涉及水源工程；农民满意率为满意度达到"较满意"及以上的比例

表 6.19　剅河项目施工验收阶段农民评价结果

行政村	水源工程	提水工程	输水工程	排涝降渍工程	田块归并工程	田间道路工程	污染治理工程	农地权属调整结果
胡湾村	×	√	×	×	√	√	√	√
王湾村		√	√	×	√	√	√	√
夏场村	×	√	√	×	√	√	√	√
刘湾村		√	×	×		×	√	
单项工程评价结果	×	√	×	×	√	×	√	√

项目评价结果

注：表中空白即该村不涉及此项工程；√代表合格；×代表不合格

表 6.20 和表 6.21 显示，农民对张沟项目施工过程和施工结果的满意度都低。因多个行政村对多项工程的"农民认可率"未达到 2/3，所以张沟项目施工验收阶段农民主导的评价结果为不合格，项目验收不通过。

表 6.20　张沟项目施工验收阶段农民满意度

	评价内容	满意	较满意	一般	较不满意	不满意	农民满意率/%
过程指标	按方案施工	0	2	9	31	6	4.17
	变更意见征询	0	1	4	25	18	2.08
	变更意见采纳	0	0	3	21	24	0.00
	施工进度	0	7	25	15	1	14.58
	权属调整方案	0	6	16	10	0	18.75

续表

	评价内容	满意	较满意	一般	较不满意	不满意	农民满意率/%
结果指标	提水工程	0	13	12	17	6	27.08
	输水工程		1	6	28	13	2.08
	排涝降渍工程	0	1	10	16	21	2.08
	田块归并工程	0	9	17	3	0	31.03
	田间道路工程	1	3	15	20	9	8.33
	污染治理工程	0	12	22	12	2	25.00
	农地权属调整结果	0	15	15	2	0	46.88

注：项目区共 48 个村小组；项目区不涉及水源工程；部分小组不涉及权属调整和田块归并工程；农民满意率为满意度达到"较满意"及以上的比例

表 6.21　张沟项目施工验收阶段农民评价结果

行政村	提水工程	输水工程	排涝降渍工程	田块归并工程	田间道路工程	污染治理工程	农地权属调整结果
东升村	×	×	×	√	×	√	√
红光村	√	×	×	√	×	√	√
庆丰村	√	×	×	√	×	√	√
杨桥村	×	×			×	×	
肖脑村	√	×	×	×	√	×	√
杨庄村	√	×	√	√	×	×	√
宋场村	√	×	×	√	√	√	√
单项工程评价结果	×	×	×	×	×	×	√
项目评价结果	×						

注：表中空白即该村不涉及此项工程；√代表合格；×代表不合格

综合以上三个项目的评价结果，即可得到表 6.22。

表 6.22　农民主导评价结果

	刘河项目	新沟项目	张沟项目
规划设计阶段	通过	不通过	不通过
施工竣工阶段	不通过	不通过	不通过

本书所选的三个项目均已通过有关部门组织的竣工验收，但农民主导的评价结果均为竣工验收不通过。由此可见，目前由政府组织、专家主导的项目评价模式并不能很好地代表农民利益，因而产生了"合规"但不"合格"的项目。因此，在农地整理项目规划设计阶段、施工建设与竣工验收阶段建立农民主导的评价机制是有效的、必要的（李文静，2013）。

6.3.5　案例分析 III：后期管护阶段农民主导的评价

1. 研究区域概况

当前农地整理项目后期管护存在多样模式，每种模式管护特征及管护绩效差异较大。这里只选取传统的村委会管护模式和新近出现的农民联户管护模式作为研究对象，针对这两种模式开展绩效测度。在研究区域上，这里选取了两种模式的典型代表区域——以村委会管护模式为主的河南邓州市和以农民联户管护模式为主的广西龙州县，以分析农地整理项目后期管护绩效（李金玉 等，2016）。

邓州市位于河南省西南部豫、鄂、陕三省交界区域，是南水北调中线工程渠首市、国家粮食核心主产区，现为河南省直管县级市。南水北调中线工程穿越邓州市 5 个乡镇，在其境内全长 38 km。为支持南水北调中线工程建设，邓州市共接纳淅川县库区 4.6 万余移民。为服务南水北调中线工程，邓州市陆续实施南水北调移民安置点土地整理项目、南水北调渠首及沿线土地整理重大项目，取得了良好的社会、经济和生态效益。为规范农地整理项目后期管护工作，邓州市制定了较为完善的农地整理项目后期管护管理办法，规定各乡镇政府和相关部门应成立项目后期管护领导小组，乡镇长和部门负责人为第一责任人，负责后期管护的领导协调工作，制定相应的工程管护制度，定期进行检查监督；各行政村成立以村民委员会主任为组长的管护机构，制定具体的管护章程和奖罚措施，分工程类型定岗定责落实到人。

龙州县地处广西崇左市，甘蔗种植面积占耕地总面积的 78%。近年来龙州县实施"小块并大块"的耕地整理模式，在保留原有耕地面积不变的前提下，由农民或农村基层组织将本村土地进行归并平整，相应调整土地承包经营权，并开展小型农田水利、田间道路及相关配套工程建设，以提高耕地质量和土地利用效率。龙州县农地整理项目后期管护模式主要为农民联户管护模式，由屯内 2 个或 2 个以上农户联合起来进行"并地"，共同使用和管护相关配套工程设施。当工程设施发生损毁时，由联户农户投工投劳进行维修，材料费用由联户农户自筹。

2. 资料来源

本书随机选择了邓州市文渠乡、张楼乡、白牛乡、裴营乡、夏集乡 5 个乡和龙州县上龙乡、彬桥乡、武德乡、龙州镇、水口镇 5 个乡镇，每个乡镇随机选择 3~4 个已实施农地整理项目的行政村作为调查区域。笔者分别于 2015 年 1 月、10 月、11 月对上述 10 个乡镇 36 个行政村进行入户访谈式问卷调查。最终获得问卷数 590 份，有效问卷 581 份，问卷有效率为 98.47%。其中，邓州市和龙州县的有效问卷数分别为 287 份、294 份，邓州市和龙州县的有效问卷中村干部问卷数量分别为 51 份、44 份。

3. 评价方法

突变理论是由法国数学家勒内·托姆（Rene Thom）于 1972 年创立的，是利用动态系统的拓扑理论来构造自然现象与社会活动中不连续变化现象的数学模型，并以此描述和预测事物连续性中断的质变过程，是目前唯一研究由渐变引起突变的系统理论（陈云峰 等，2006）。

　　突变理论提出了一系列数学模型，它以势函数为研究对象，通过状态变量（反映系统的行为状态）和控制变量（作为影响行为状态的诸因素）来反映系统的动态变化情况。基于突变理论的突变级数法将评价总指标进行多层次分主次的矛盾分解或分组，排列成树状目标层次结构，由评价总指标逐渐分解到下一层子指标。常见的突变系统的某状态变量的控制变量不超过 4 个，相应地一般各层指标数也不超过 4 个。突变系统最基本的模型为折迭模型；如果一个指标可以分解成 2 个子指标，该系统可视为尖点突变系统；如果一个指标可以分解成 3 个子指标，该系统可视为燕尾突变系统；如果一个指标可以分解成 4 个子指标，该系统可视为蝴蝶突变系统。当状态变量为 1 时，多目标决策所涉及的初等突变模型主要有四种，见表 6.23。

表 6.23　四种初等突变模型相关公式

突变模型	状态变量	控制变量	势函数	归一化公式
折迭模型	1	1	$f(x) = x^3 + ux$	$x_u = u^{1/2}$
尖点模型	1	2	$f(x) = x^4 + ux^2 + vx$	$x_u = u^{1/2},\ x_v = v^{1/3}$
燕尾模型	1	3	$f(x) = \frac{1}{6}x^5 + \frac{1}{3}ux^3 + \frac{1}{2}vx + wx$	$x_u = u^{1/2},\ x_v = v^{1/3},\ x_w = w^{1/4}$
蝴蝶模型	1	4	$f(x) = \frac{1}{6}x^6 + \frac{1}{4}ux^4 + \frac{1}{3}vx^3 + \frac{1}{2}wx^2 + tx$	$x_u = u^{1/2},\ x_v = v^{1/3},\ x_w = w^{1/4},\ x_t = t^{1/5}$

　　注：表中 $f(x)$ 表示一个系统的状态变量 x 的势函数，状态变量的系数 u、v、w、t 表示该状态变量的控制变量。突变系统的势函数为 $f(x)$，根据突变理论，它的所有临界点合成平衡曲面 M，其方程通过求 $f(x)$ 的一阶导数得到，即 $f(x)' = 0$。它的奇点集通过对 $f(x)$ 求二阶导得到，即 $f(x)'' = 0$。由 $f(x)' = 0$ 和 $f(x)'' = 0$ 消去 x，则得到突变系统的分歧点集方程，再由分解形式的分歧点集变化形式导出归一化公式

　　目前绩效评价多采用层次分析、因子分析、模糊综合评价等方法，这些方法对权重的确定主观性较大或者计算过程过于复杂（周强等，2008；唐志鹏等，2009）。基于突变理论的突变级数法通过对分歧集的归一化处理，得到总的突变模糊隶属度函数，从而进行评价。突变级数法无需对指标确定权重，但它考虑了各评价指标的相对重要性，计算简单准确，且较为客观，特别适合于用来解决多层次决策问题（陈云峰 等，2006；李艳 等，2007）。因此，本书采用突变级数法来对农地整理项目后期管护绩效进行评价。其运算步骤如下。

　　（1）建立突变评价指标体系。按照系统内在作用机理，将系统分解为由若干评价指标组成的多层子系统。本书借鉴平衡计分卡的思想，来构建评价指标体系，见表 6.7。

　　（2）确定指标体系各层次的突变类型。根据表 6.23 中的状态变量和控制变量值确定指标体系各层次的突变模型，根据所构建的评价指标体系，控制变量的数量取值有 2、3、4，对应指标层次的突变类型分别为尖点模型、燕尾模型和蝴蝶模型。

　　（3）通过突变系统的分歧方程式导出归一公式。以尖点突变系统为例，尖点突变模型的势函数为 $f(x) = x^4 + ux^2 + vx$，其相空间是三维的，求 $f(x)' = 0$，即平衡曲面 M 由 $4x^3 + 2ux + v = 0$ 给出，其奇点集由 $f(x)'' = 0$ 给出，即为满足方程 $12x^2 + 2u = 0$ 的 M 的子集。由两个方程消去 x，得到 $8u^3 + 27v^2 = 0$，找到分歧点集，其形式为 $u = -6x^2$，$v = 8x^3$，化为突变模糊隶属函数得其归一化公式：$x_u = u^{1/2}$，$x_v = v^{1/3}$。同样地，可以得出几种初等突变模型的归一化公式见表 6.23。

（4）利用归一化公式进行综合评价。利用归一化公式进行综合评价，状态变量所对应的控制变量，依照不同的评价准则取值：若系统各控制变量之间的作用不可相互替代，则按"大中取小"的原则取值；若系统各控制变量之间可以相互弥补不足时，则按其均值取值。

突变级数法在评价具体指标时，同一属性、同一层次的指标中，重要程度相对高的指标排在前面，相对次要的指标排在后面。为克服各指标排序的主观性，使评价结果更符合实际，本书采用熵权法来确定各层次指标重要性排序（表 6.7）。

根据熵权法确定的各层次指标重要性顺序，将重要程度相对高的指标排在前面，相对次要的指标排在后面，构建农地整理项目后期管护绩效评价指标逐级集成的突变模型如图 6.2 所示。

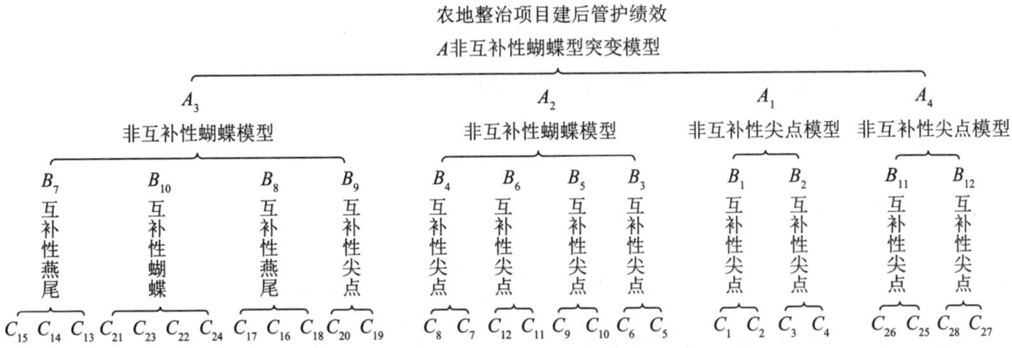

图 6.2　农地整理项目后期管护绩效评价的递级突变模型

4. 结果分析

1）研究区域农地整理项目后期管护的总体绩效

在对指标数据标准化处理的基础上，首先根据评价指标体系结构，利用归一化公式及互补性取值原则，计算得到单个中间层指标的指标值，如此反复直到所有的中间层指标值都计算得出。然后结合归一化公式及非互补性取值原则，得到目标层指标值（唐志鹏 等，2009）。按照如上方法，直到总目标层为止，最后得到农地整理项目后期管护绩效总得分。

各层指标值的具体计算过程如下。

C_{15}、C_{14}、C_{13} 构成燕尾突变模型，按互补原则，则有

$$x_{B_7} = (x_{C_{15}}^{1/2} + x_{C_{14}}^{1/3} + x_{C_{13}}^{1/4})/3$$

C_{21}、C_{23}、C_{22}、C_{24} 构成蝴蝶突变模型，按互补原则，则有

$$x_{B_{10}} = (x_{C_{21}}^{1/2} + x_{C_{23}}^{1/3} + x_{C_{22}}^{1/4} + xx_{C_{24}}^{1/5})/4$$

C_{17}、C_{16}、C_{18} 构成燕尾突变模型，按互补原则，则有

$$x_{B_8} = (x_{C_{17}}^{1/2} + x_{C_{16}}^{1/3} + x_{C_{18}}^{1/4})/3$$

C_{20}、C_{19} 构成尖点突变模型，按互补原则，则有

$$x_{B_9} = (x_{C_{20}}^{1/2} + x_{C_{19}}^{1/3})/2$$

C_8、C_7 构成尖点突变模型，按互补原则，则有

$$x_{B_4} = (x_{C_8}^{1/2} + x_{C_7}^{1/3})/2$$

C_{12}、C_{11} 构成尖点突变模型，按互补原则，则有

$$x_{B_6} = (x_{C_{12}}^{1/2} + x_{C_{11}}^{1/3})/2$$

C_9、C_{10} 构成尖点突变模型，按互补原则，则有

$$x_{B_5} = (x_{C_9}^{1/2} + x_{C_{10}}^{1/3})/2$$

C_6、C_5 构成尖点突变模型，按互补原则，则有

$$x_{B_3} = (x_{C_6}^{1/2} + x_{C_5}^{1/3})/2$$

C_1、C_2 构成尖点突变模型，按互补原则，则有

$$x_{B_1} = (x_{C_1}^{1/2} + x_{C_2}^{1/3})/2$$

C_3、C_4 构成尖点突变模型，按互补原则，则有

$$x_{B_2} = (x_{C_3}^{1/2} + x_{C_4}^{1/3})/2$$

C_{26}、C_{25} 构成尖点突变模型，按互补原则，则有

$$x_{B_{11}} = (x_{C_{26}}^{1/2} + x_{C_{25}}^{1/3})/2$$

C_{28}、C_{27} 构成尖点突变模型，按互补原则，则有

$$x_{B_{12}} = (x_{C_{28}}^{1/2} + x_{C_{27}}^{1/3})/2$$

B_7、B_{10}、B_8、B_9 构成蝴蝶突变模型，按非互补原则即取小原则，则有

$$x_{A_3} = \min\left\{ x_{B_7}^{1/2}, x_{B_{10}}^{1/3}, x_{B_8}^{1/4}, x_{B_9}^{1/5} \right\}$$

B_4、B_6、B_5、B_3 构成蝴蝶突变模型，按非互补原则即取小原则，则有

$$x_{A_2} = \min\left\{ x_{B_4}^{1/2}, x_{B_6}^{1/3}, x_{B_5}^{1/4}, x_{B_3}^{1/5} \right\}$$

B_1、B_2 构成尖点突变模型，按取小原则，则有

$$x_{A_1} = \min\left\{ x_{B_1}^{1/2}, x_{B_2}^{1/3} \right\}$$

B_{11}、B_{12} 构成尖点突变模型，按取小原则，则有

$$x_{A_4} = \min\left\{x_{B_{11}}^{1/2}, x_{B_{12}}^{1/3}\right\}$$

A_3、A_2、A_1、A_4构成蝴蝶突变模型，按取小原则，则有

$$x_A = \min\left\{x_{A_3}^{1/2}, x_{A_2}^{1/3}, x_{A_1}^{1/4}, x_{A_4}^{1/5}\right\}$$

计算出的研究区域后期管护绩效各层面得分及综合得分见表 6.24。由计算结果可知，研究区域农地整理项目后期管护绩效总得分为 0.976，处于较高的绩效水平。研究区域内 A_3、A_2、A_1、A_4 四个层面的绩效得分分别为 0.970、0.982、0.953 和 0.977。

表 6.24　研究区域后期管护绩效总体得分及排名

地区	x_{A_3}	x_{A_2}	x_{A_1}	x_{A_4}	x_A
研究区域	0.970	0.982	0.953	0.977	0.976

注：A_1、A_2、A_3、A_4分别表示财务层面、顾客层面、管护制度与流程层面、学习与成长层面

2）不同后期管护模式的绩效比较

按照同样的方法计算出河南邓州市和广西龙州县各乡镇的农地整理项目后期管护绩效得分。比较河南邓州市和广西龙州县两种模式，以及各乡镇的综合绩效得分与各层面绩效得分（表 6.25）可知：河南邓州市后期管护绩效综合得分为 0.968，广西龙州县后期管护绩效综合得分为 0.984。总体而言，研究区域农地整理项目后期管护绩效均较高，广西龙州县农民联户管护模式的绩效高于河南邓州市村委会管护模式的绩效。

表 6.25　不同管护模式的绩效得分及排名

	区域	x_{A_3}	排名	x_{A_2}	排名	x_{A_1}	排名	x_{A_4}	排名	x_A	排名
河南邓州市	总体	0.951	2	0.983	1	0.937	2	0.962	2	0.968	2
	文渠乡	0.953	7	0.981	5	0.946	6	0.954	10	0.972	6
	白牛乡	0.950	8	0.983	3	0.942	7	0.957	8	0.971	7
	张楼乡	0.947	9	0.984	2	0.933	9	0.956	9	0.966	8
	夏集乡	0.958	6	0.983	3	0.931	10	0.976	6	0.965	10
	裴营乡	0.947	9	0.985	1	0.934	8	0.963	7	0.966	8
广西龙州县	总体	0.987	1	0.969	2	0.968	1	0.990	1	0.984	1
	上龙乡	0.987	2	0.966	9	0.956	5	0.988	4	0.978	5
	彬桥乡	1.000	1	0.974	7	0.997	1	0.999	1	0.991	1
	武德乡	0.983	4	0.975	6	0.961	4	0.990	2	0.980	4
	水口镇	0.985	3	0.965	10	0.970	3	0.987	5	0.985	3
	龙州镇	0.978	5	0.967	8	0.972	2	0.990	2	0.986	2

具体而言，各乡镇均有三个层面的绩效得分与综合绩效得分趋势一致，即各层面绩效得

分较高的乡镇，其综合绩效得分也较高。其中，与综合绩效得分趋势不一致的是顾客层面(A_2)的绩效得分，这可能是因为相比广西龙州县而言，河南邓州市农业生产遭受自然灾害的威胁较大，农民对农地整理项目所建成的工程设施的满意度较高。由于管护制度与流程层面(A_3)在综合得分中的比重超过 50%，且财务层面（A_1）、顾客层面（A_2）、学习与成长层面（A_4）在综合得分中的比重相差不大，因而虽然顾客层面（A_2）的得分与综合得分趋势相反，但并不影响各乡镇综合得分的排名。由表 6.25 可知，广西龙州县上龙乡、彬桥乡、武德乡、水口镇和龙州镇的综合得分排名分别为 5、1、4、3、2，河南邓州市文渠乡、白牛乡、张楼乡、夏集乡和裴营乡的综合得分排名分别为 6、7、8、10、8（张楼乡和裴营乡综合得分相等）。由此也可以得出：广西龙州县农民联户管护模式的绩效高于河南邓州市村委会管护模式的绩效。

6.4　本章小结

　　本章分析了农地整理项目评价制度的现状、农民参与评价的意愿及其影响因素、农民参与评价的方式、农民参与评价的指标体系，得到以下研究结论。

　　（1）农地整理项目现行评价制度没有充分认识农民的地位和作用，过度依赖"政府+专家"的评价模式，不利于农民理解和支持农地整理，不利于提高农地整理项目的质量。

　　（2）目前，农民参与农地整理项目评价的意愿较高，愿意参与评价的受访者占受访者总人数的比例为 88.83%，不愿意参与评价的受访者所占比例为 11.17%。家庭农业劳动力数量、农民对农地整理项目评价的认知程度、政府对农民的规划设计意见的重视程度、政府对项目政策宣传的重视程度四个因素显著影响农民参与评价的意愿。

　　（3）重构农民主导的评价机制时，在项目立项评价、规划设计评价、竣工验收评价环节中设置农民评价的前置流程和后置流程，对提高农民在农地整理项目评价中的地位和决策权具有重要作用。农地整理项目农民参与评价内容和评价指标体系的构建，是农地整理项目农民参与评价机制构建的重要内容，为从农民视角开展农地整理项目评价提供理论依据和方法基础。

第 7 章 农地整理过程中农民监督机制

7.1 现行农地整理监理制度及其评价

7.1.1 现行农地整理监理制度概述

为保证农地整理项目工程质量，国家有关法规明文规定，农地整理项目工程建设必须实行工程监理制度。《关于组织申报国家投资土地开发整理项目有关事项的通知》（国土资发〔2001〕64 号）和《土地开发整理若干意见》（国土资发〔2003〕363 号）都明确指出：应根据项目区工程建设及技术要求，建立质量检验体系，对项目工程建设与质量进行监督和管理，实行工程监理制度。《关于加强和改进土地开发整理工作的通知》（国土资发〔2005〕29 号）也规定：项目实施过程中要认真执行项目法人制、招投标制、工程监理制、公告制和合同制等制度，保证工程进度和质量。

全国各地积极响应国家相关"通知"和"意见"，制定了具体的办法和条例。《湖北省土地整治管理办法》和《湖北省土地整治项目工程监理管理办法》（2011）不仅对土地整治项目实施实行工程监理制度作了规定，还对工程监理机构的职责、监理单位人员及资格、人员设置、监理程序和项目监督管理都做了详细的说明。《湖北省土地整治项目竣工验收管理办法》（2011）更是对监理工作报告、监理合同和监理资料做出了具体规定，对监理制度的重视程度可见一斑。

现行农地整理监理制度，实质上是一种政府监督和专业监理相结合的制度，也就是具备监理资质的监理公司受地方政府国土部门（业主）的委托，依据有关法律、法规和农地整治项目批准文件、监理合同，对农地整理项目施工建设全过程进行监督，其目的是确保农地整理项目工程建设质量。

7.1.2　现行监理制度中的"合谋"现象

在现行农地整理项目监理制度中，业主与监理公司是典型的委托代理关系，监理公司代表业主对项目工程建设进行监督管理；但监理公司并不是项目的最终受益者，在监理费用一定的情形下缺乏严格监管的动力。工程施工企业在施工过程中，为追求利益最大化，有偷工减料的动机，就可能会向监理公司人员行贿，与监理公司合谋。

下面采用实践中常见的两种博弈模型，来分析项目施工监管中监理公司与施工企业的行为。首先是监理公司在不与施工企业合谋的前提下，与施工企业展开的"监督博弈"（混合战略）；其次是监理公司在利益驱使下选择与施工企业合谋的"合谋博弈"（崔鲁宁，2014；吴诗嫚 等，2016）。

1. 监督博弈模型

模型条件及假设如下。

第一，假设该博弈过程属于一种完全信息静态博弈，即博弈参与方同时进行决策，没有先后之分，且所有博弈方对各方收益都了解，不存在信息不对称问题。

第二，博弈的参与方有两个，一方为监理公司，另一方为被监管的施工企业。假定监理公司的行为策略有两种："努力监督"与"不努力监督"。假设施工企业的行为策略有两种："偷工减料"和"不偷工减料"。

第三，假设监理公司和施工企业不存在寻租行为。

第四，监理公司"努力监督"，则偷工减料的行为就会被发现，监理公司进行监管需要支付一定的成本或费用；若监理公司"不努力监督"，偷工减料现象很严重，就会受到业主和上级政府部门的处罚。若施工企业选择"不偷工减料"，他可以获得合同约定的稳定收益；若选择"偷工减料"，且该行为未被发现，则可获得超额的收益，如果偷工减料的行为被发现，就会受到处罚。

在上述假设条件的基础上，可以得到如下的监督博弈模型（图 7.1）。

		施工企业	
		偷工减料（γ）	不偷工减料（$1-\gamma$）
监理公司	努力（θ）	$S-C_n$；$I+I_c-F_s$	$S-C_n$；I
	不努力（$1-\theta$）	$S-C_b-F_j$；$I+I_c$	$S-C_b$；I

图 7.1　监督博弈矩阵

注：S 为监理费；C_n 为监理公司努力监督的成本；C_b 为监理公司不努力监督的成本；I 为施工企业不偷工减料的合法收益；I_c 为施工企业偷工减料的超额收益；F_s 为施工企业偷工减料被查处的罚款；F_j 为监理公司不努力监督被查处的罚款

假定监理公司努力监督的概率为 θ，施工企业偷工减料的概率为 γ；给定 γ，监理公司选择努力监督 $(\theta=1)$ 和不努力监督 $(\theta=0)$ 的期望收益分别为

$$\pi S(1,\gamma)=(S-C_n)\times\gamma+(S-C_n)\times(1-\gamma)=S-C_n \tag{7.1}$$

$$\pi s(0,\gamma)=(S-C_b-F_j)\times\gamma+(S-C_b)\times(1-\gamma)=S-C_b-F_j\times\gamma \tag{7.2}$$

解　$\pi S(1,\gamma)=\pi s(0,\gamma)$，$\gamma^*=(C_n-C_b)/F_j$。若施工企业偷工减料的概率小于 $(C_n-C_b)/F_j$，监理公司的最优选择是不努力监督；若施工企业偷工减料的概率大于 $(C_n-C_b)/F_j$，监理公司的最优选择是努力监督；若施工企业偷工减料的概率等于 $(C_n-C_b)/F_j$，监理公司的最优选择是努力监督或不努力监督。

若给定 θ，则施工企业选择偷工减料（$\gamma=1$）和不偷工减料（$\gamma=0$）的期望收益分别为

$$\pi C(\theta,1)=(I+I_c-F_s)\times\theta+(I+I_c)\times(1-\theta)=I+I_c-F_s\times\theta \tag{7.3}$$

$$\pi c(\theta,0)=I\times\theta+I\times(1-\theta)=I \tag{7.4}$$

解　$\pi C(\theta,1)=\pi c(\theta,0)$，$\theta^*=I_c/F_s$。若监理公司努力监督的概率小于 I_c/F_s，施工企业的最优选择是偷工减料；若监理公司努力监督的概率大于 I_c/F_s，施工企业的最优选择是不偷工减料；若监理公司努力监督的概率等于 I_c/F_s，施工企业的最优选择是偷工减料或不偷工减料。

因此，此混合战略纳什均衡是：$\theta^*=I_c/F_s$，$\gamma^*=(C_n-C_b)/F_j$，即监理公司以 I_c/F_s 的概率努力监督，施工企业以 $(C_n-C_b)/F_j$ 的概率偷工减料。

然而实践中第四个假设条件的实现有很大难度，由于专业知识匮乏、监管时间无保障及信息不对称等原因，业主发现监理公司不努力监督的概率非常之小，处罚形同虚设；而监理公司具有专业知识和信息优势，有能力在很大程度上发现施工企业的偷工减料现象，在此种情况下该监督博弈模型演化为图 7.2。

		施工企业	
		偷工减料	不偷工减料
监理公司	努力	$S-C_n$；$I+I_c-F_s$	$S-C_n$；I
	不努力	$S-C_b$；$I+I_c$	$S-C_b$；I

图 7.2　无处罚情况下的监督博弈矩阵

由以上博弈矩阵可知，此博弈中施工企业和监理公司都存在占优均衡，占优战略为（偷工减料；不努力）。正是因为业主单位对监理公司进行监督的难度较大，使得监理公司不努力监督的现象普遍存在，进而导致施工企业在施工过程中偷工减料，这正是目前农地整理项目工程质量普遍较低的根本原因。

2. 合谋博弈模型

模型条件及假设如下。

第一，假设该博弈过程也是一种完全信息静态博弈，即博弈参与方同时进行决策，没有

先后之分，且所有博弈方对各方收益都了解，不存在信息不对称问题。

第二，博弈的参与方包括监理公司和被监管的施工企业。假定监理公司的策略有两种："寻租"与"不寻租"；施工企业的行为策略也有两种："行贿"和"不行贿"；

第三，假定施工企业向监理公司行贿，其行贿额不小于监理公司不努力监督被发现后所受到的罚款和节约的成本之差，否则监理公司不会选择"寻租"，即不努力监督；同样，施工企业的行贿额与偷工减料被发现所受到的罚款之和不大于偷工减料获得的超额利润（或者其偷工减料被发现的概率非常之低，此处界定为前者），否则其没有偷工减料的动机。

第四，监理公司"寻租"，即监理公司不努力监督，则施工企业偷工减料不会被发现，监理公司只需要支付较少的成本或费用，且会收到施工企业一定的行贿额（因偷工减料而获得的超额利润的一部分），但也可能因为偷工减料严重而被业主发现并受到业主和上级政府部门的处罚。若监理公司"不寻租"，即监理公司努力监督，则施工企业偷工减料就会被发现，监理公司需要支付较多的成本费用；若施工企业选择"行贿"和偷工减料，他不仅可以获得稳定的合同收益，还可以获得超额收益，同时也面临着向监理公司的行贿额及偷工减料被发现所要接受的处罚；若施工企业选择"不行贿"和不偷工减料，则不能获得超额收益，但可获得稳定的合同收益。

在上述假设条件的基础上，可以得到如下的博弈模型（图 7.3）。

		施工企业	
		行贿（β）	不行贿 $(1-\beta)$
监理公司	寻租（α）	$S-C_b+I_x-F_j$；$I+I_c-I_x-F_s$	$S-C_b$；I
	不寻租 $(1-\alpha)$	$S-C_n$；$I+I_c-F_s$	$S-C_n$；I

图 7.3　合谋博弈矩阵

注：S 为监理费；C_n 为监理公司努力监督的成本；C_b 为监理公司不努力监督的成本；I 为施工企业不偷工减料的合法收益；I_c 为施工企业偷工减料的超额收益；F_s 为施工企业偷工减料被查处的罚款；F_j 为监理公司不努力监督被查处的罚款；I_x 为施工企业向监理公司的行贿额

上述博弈矩阵证明，此博弈存在两个纳什均衡：第一，纯战略纳什均衡，即施工企业选择行贿，监理公司选择寻租，其收益为（$S-C_b+I_x-F_j$；$I+I_c-I_x-F_s$），从而形成合谋；第二，混合战略纳什均衡，即施工企业以 $(S-C_n+C_b)/(I_x-F_j)$ 的概率选择行贿，以 $1-(S-C_n+C_b)/(I_x-F_j)$ 的概率选择不行贿，而监理公司以 $(I_c-F_s)/I_x$ 的概率选择寻租，以 $1-(I_c-F_s)/I_x$ 的概率选择不寻租。其计算过程如下。

假定监理公司选择寻租的概率为 α，施工企业行贿的概率为 β。若给定 β，则监理公司选择寻租 ($\alpha=1$) 和不寻租 ($\alpha=0$) 的期望收益分别为

$$\pi S(1,\beta)=(S-C_b+I_x-F_j)\times\beta+(S-C_b)\times(1-\beta)=(I_x-F_j)\times\beta-C_b \quad （7.5）$$

$$\pi S(0,\beta)=(S-C_n)\times\beta+(S-C_n)\times(1-\beta)=S-C_n \quad （7.6）$$

解　$\pi S(1,\beta)=\pi s(0,\beta)$，$\beta^*=(S-C_n+C_b)/(I_x-F_j)$。若施工企业行贿的概率小于 $(S-C_n+C_b)/(I_x-F_j)$，则监理公司的最优选择是不寻租；若施工企业行贿的概率大于

$(S-C_n+C_b)/(I_x-F_j)$，则监理公司的最优选择是寻租；若施工企业行贿的概率等于 $(S-C_n+C_b)/(I_x-F_j)$，则监理公司的最优选择是合谋或不合谋。

若给定 α，则施工企业选择偷工减料（β=1）和不偷工减料（β=0）的期望收益分别为

$$\pi C(\alpha,1)=(I+I_C-I_X-F_S)\times\alpha+(I+I_C-F_S)\times(1-\alpha)=I+I_C-F_S-I_X\times\alpha \quad (7.7)$$

$$\pi c(\alpha,0)=I\times\alpha+I\times(1-\alpha)=I \quad (7.8)$$

解 $\pi C(\alpha,1)=\pi c(\alpha,0)$，$\alpha^*=(I_C-F_S)/I_X$。若监理公司寻租的概率小于 $(I_C-F_S)/I_X$，则施工企业的最优选择是不行贿；若监理公司寻租的概率大于 $(I_C-F_S)/I_X$，则施工企业的最优选择是行贿；若监理公司寻租的概率等于 $(I_C-F_S)/I_X$，则施工企业的最优选择是行贿或不行贿。

然而现实中由于专业知识匮乏、监管时间不足及信息不对称等原因，业主发现施工企业偷工减料、监理公司不努力监督的概率非常小，因此，对于他们的罚款形同虚设；而监理公司具有专业知识和信息优势，有能力发现施工企业的偷工减料现象。所以该博弈模型演化为图 7.4。

		施工企业	
		行贿（β）	不行贿 $(1-\beta)$
监理公司	寻租（α）	$S-C_b+I_x$；$I+I_c-I_X$	$S-C_b$；I
	不寻租 $(1-\alpha)$	$S-C_n$；$I+I_C-F_S$	$S-C_n$；I

图 7.4 无处罚情况下的合谋博弈矩阵

注：S 为监理费；C_n 为监理公司努力监督的成本；C_b 为监理公司不努力监督的成本；
I 为施工企业不偷工减料的合法收益；I_c 为施工企业偷工减料的超额收益；
F_s 为施工企业偷工减料被查处的罚款；F_j 为监理公司不努力监督被查处的罚款；
I_x 为施工企业向监理公司的行贿额

上述博弈矩阵证明，此博弈存在两个纳什均衡：第一，纯战略纳什均衡，即施工企业选择行贿，监理公司选择寻租，其收益为（$S-C_b+I_x$；$I+I_C-I_X$），从而形成合谋；第二，混合战略纳什均衡，即施工企业以 $(S-C_n-C_b)/I_x$ 的概率选择行贿，以 $1-(S-C_n-C_b)/I_x$ 的概率选择不行贿，而监理公司以 $(I_c-F_s)/(I_x-F_s)$ 的概率选择寻租，以 $1-(I_c-F_s)/(I_x-F_s)$ 的概率选择不寻租。其计算过程如下。

假定监理公司选择寻租的概率为 α，施工企业行贿的概率为 β。若给定 β，则监理公司选择寻租 $(\alpha=1)$ 和不寻租 $(\alpha=0)$ 的期望收益分别为

$$\pi S(1,\beta)=(S-C_b+I_x)\times\beta+(S-C_b)\times(1-\beta)=I_x\times\beta-C_b \quad (7.9)$$

$$\pi s(0,\beta)=(S-C_n)\times\beta+(S-C_n)\times(1-\beta)=S-C_n \quad (7.10)$$

解 $\pi S(1,\beta)=\pi s(0,\beta)$，$\beta^*=(S-C_n+C_b)/I_x$。若施工企业行贿的概率小于 $(S-C_n+C_b)/I_x$，则监理公司的最优选择是不寻租；若施工企业行贿的概率大于 $(S-C_n+C_b)/I_x$，则监理公司的最优选择是寻租；若施工企业行贿的概率等于 $(S-C_n+C_b)/I_x$，则监理公司的最优选择是合谋或不合谋。

若给定 α，则施工企业选择偷工减料（$\beta = 1$）和不偷工减料（$\beta = 0$）的期望收益分别为：

$$\pi C(\alpha,1) = (I + I_C - I_X) \times \alpha + (I + I_C - F_S) \times (1 - \alpha) = I + I_C - F_S - I_X \times \alpha \qquad (7.11)$$

$$\pi c(\alpha,0) = I \times \alpha + I \times (1 - \alpha) = I \qquad (7.12)$$

解　　$\pi C(\alpha,1) = \pi c(\alpha,0)$，　$\alpha^* = (I_C - F_S)/(I_X - F_S)$。若监理公司寻租的概率小于 $(I_C - F_S)/(I_X - F_S)$，则施工企业的最优选择是不行贿；若监理公司寻租的概率大于 $(I_C - F_S)/(I_X - F_S)$，则施工企业的最优选择是行贿；若监理公司寻租的概率等于 $(I_C - F_S)/(I_X - F_S)$，则施工企业的最优选择是行贿或不行贿。

比较上述两种博弈可知，其博弈均衡解变化比较明显：在第二种博弈中施工企业选择"行贿"的概率和监理公司选择"寻租"的概率明显增大。因此，如果要降低施工企业行贿和监理公司寻租的概率，保证项目工程施工质量，就应提高监督效果，加大惩罚力度。

7.1.3　现行监理制度下的交易费用

根据威廉姆森交易费用理论，现行农地整理项目施工监理制度下的交易费用主要包括：监理公司招标、签订监理合同、监理合同执行与业主监督的费用。

由于农民参与、农民不参与这两种情形对监理公司招标和签订监理合同都无影响，所以本书不考虑监理公司招标和签订监理合同的费用，只考虑监理合同执行费用、业主监督费用和农民参与费用。

现行农地整理施工监理制度下，交易费用主要包括监理合同执行费用与业主监督费用。其中，监理合同执行费用即监理公司的监理成本，主要包括：项目施工过程中监理人员为完成监理任务而产生的工资福利（SW_1）、食宿费用（AC_1）、办公用品及器械维护使用费（OC_1），以及开展日常巡查工作而发生的交通费（TC_{j1}）、通信费（CC_{j1}）等；业主监督费用即业主单位的监督成本，主要包括业主为监督项目施工建设全过程而产生的交通费（TC_{y1}）、通信费（CC_{y1}）和协调处置费（XC_1）等（崔鲁宁，2014；吴诗嫚 等，2015）。

因此，现行农地整理项目施工监理制度下的交易费用为

$$C_g = C_{jg} + C_{yg} \qquad (7.13)$$

$$C_{jg} = SW_1 + AC_1 + OC_1 + TC_{j1} + CC_{j1} \qquad (7.14)$$

$$C_{yg} = TC_{y1} + CC_{y1} + XC_1 \qquad (7.15)$$

$$C_g = SW_1 + AC_1 + OC_1 + TC_{j1} + CC_{j1} + TC_{y1} + CC_{y1} + XC_1 \qquad (7.16)$$

式（7.16）中：C_g 为现行农地整理项目施工监理制度下的交易费用；C_{jg} 为现行农地整理项目施工监理制度下的监理合同执行费用；C_{yg} 为现行农地整理项目施工监理制度下的业主监督费用。

7.2　农民参与农地整理施工监督的绩效

7.2.1　农民参与对防止"合谋"的作用

在农地整理项目施工中，业主、监理公司和施工企业是三个重要的利益主体。县级国土资源管理部门是"名誉业主"，项目区农民群众是"真正业主"。本书将农民群众视为业主，参加与监理公司和施工企业的博弈。他们之间存在两个委托代理关系，即业主与施工企业之间、业主与监理公司之间的委托代理关系。在第一个委托代理关系中，因施工企业比业主更了解工程情况，拥有信息优势，在此情况下，施工企业很可能为了自身利益最大化，而做出损害业主利益的行为。业主为了消减施工企业的信息优势，委托监理公司监督施工企业的施工行为，以实现自身利益最大化。在第二个委托代理关系中，监理公司拥有信息优势，且业主不可能完全监督其行为，监理公司为了自身利益最大化，一方面可能会选择偷懒，即不努力监管，以降低成本；另一方面可能会滥用职权选择与施工企业"合谋"，向施工企业寻租，损害业主的利益。以下借助三方博弈模型，分析其三方行为（吴诗嫚 等，2015；崔鲁宁，2014）。

1. 模型概况

模型假设：

第一，博弈参与方包括业主、监理公司和施工企业，业主与其他两者的关系是非合作式的博弈，他以一定的概率 θ 对合谋活动进行监督和管理；

第二，业主对合谋活动进行监督，监督成功的概率为 y，监理公司与施工企业合谋的概率 β；

第三，施工企业在与监理公司合谋的情况下可得到的超额利润为 I_c，施工企业向监理公司的行贿额为 I_x，业主对合谋的监督成本为 C；

第四，若监理公司选择不与施工企业合谋，其能够发现施工企业的偷工减料行为，此时，施工企业会选择按规施工，不偷工减料。

在上述假设条件的基础上，可以得到如下的博弈模型（图7.5）。

		业主		
		监督（θ）		不监督
		成功（y）	不成功（$1-y$）	（$1-\theta$）
监理公司和施工企业	合谋（β）	$S-C_b+I_x-F_j$； $I+I_c-I_x-F_s$； $R+F_j+F_s-C$	$S-C_b+I_x$； $I+I_c-I_x$； $R-C$	$S-C_b+I_x$； $I+I_c-I_x$； R
	不合谋（$1-\beta$）	$S-C_n$； I； $R+R_d-C$	$S-C_n$； I； $R+R_d-C$	$S-C_n$； I； $R+R_d$

图 7.5　三方博弈矩阵

注：S 为监理费；C_n 为监理公司努力监督的成本；C_b 为监理公司不努力监督的成本；I 为施工企业不偷工减料的合法收益；I_c 为施工企业偷工减料的超额收益；F_s 为施工企业偷工减料被查处的罚款；F_j 为监理公司不努力监督被查处的罚款；I_x 为施工企业向监理公司的行贿额；R 为施工企业和监理公司合谋后的农地整理项目总效益；R_d 为施工企业和监理公司合谋导致的农地整理总效益的损失；C 为业主监督成本

2. 模型求解

（1）根据三方博弈条件，合谋活动发生的概率为 β 的情况下，业主进行监管或不监管的期望收益分别为

$$
\begin{aligned}
\pi_1 &= \beta \times \left[(R + F_j + F_s - C) \times y + (R - C) \times (1-y) \right] + (1-\beta) \times \left[(R + R_d - C) \times y \right. \\
&\quad \left. + (R + R_d - C) \times (1-y) \right] \\
&= F_j \times y \times \beta + F_s \times y \times \beta + R + R_d - C - R_d \times \beta
\end{aligned}
$$

$$
\pi_2 = \beta \times R + (1-\beta) \times (R + R_d) = R + R_d - R_d \times \beta \tag{7.17}
$$

解　$\pi_1 = \pi_2$，$\beta^* = C / (F_j + F_s) \times y$，即施工企业和监理公司最佳的合谋概率为 $C / (F_j + F_s) \times y$。

（2）当业主对监理公司以一定的概率 θ 进行监督时，监理公司选择合谋或不合谋的期望收益为

$$
\begin{aligned}
\pi_3 &= \theta \times \left[(S - C_b + I_x - F_j) \times y + (S - C_b + I_x) \times (1-y) \right] + (1-\theta) \times (S - C_b + I_x) \\
&= S - C_b + I_x - F_j \times y \times \theta
\end{aligned}
$$

$$
\begin{aligned}
\pi_4 &= \theta \times \left[(S - C_n) \times y + (S - C_n) \times (1-y) \right] + (1-\theta) \times (S - C_n) \\
&= S - C_n
\end{aligned} \tag{7.18}
$$

解　$\pi_3 = \pi_4$，$\theta_1^* = (C_n - C_b + I_x) / F_j \times y$，即业主对监理公司监督的最佳概率为 $(C_n - C_b + I_x) / F_j \times y$。

（3）当业主对施工企业以一定的概率 θ 进行监督时，施工企业选择合谋或不合谋的期望收益为

$$
\begin{aligned}
\pi_5 &= \theta \times \left[(I + I_c - I_x - F_s) \times y + (I + I_c - I_x) \times (1-y) \right] + (1-\theta) \times (I + I_c - I_x) \\
&= I + I_c - I_x - F \times y \times \theta
\end{aligned}
$$

$$
\pi_6 = \theta \times \left[I \times y + I \times (1-y) \right] + (1-\theta) \times I = I \tag{7.19}
$$

解　$\pi_5 = \pi_6$，$\theta_2^* = (I_c - I_x) / F_s \times y$，即业主对施工企业监督的最佳概率为 $(I_c - I_x) / F_s \times y$。综上所述，所得到的三方博弈混合战略纳什均衡解为

$$
\{ \beta^*; \theta_1^* \} = \{ C / (F_j + F_s) \times y; \ (C_n - C_b + I_x) / F_j \times y \}
$$

$$
\{ \beta^*; \theta_2^* \} = \{ C / (F_j + F_s) \times y; \ (I_c - I_x) / F_s \times y \}
$$

3. 均衡解的意义

从博弈混合战略纳什均衡 $\{ \beta^*; \theta_1^* \}$ 和 $\{ \beta^*; \theta_2^* \}$ 可知，为了有效地制止农地整理项目工程监理中的寻租行为，不仅要依靠监督的有效性 y，还要通过合同的方式明确违约的处罚。业主可以采取的策略是：以最小成本（C）提高监督的有效性（y），并加大对监理公司和施工企

业的惩罚力度（F_j、F_s）。若挑选项目区部分农民，对其进行监理知识培训，让其参与施工监督，就可以大大降低监督成本，提高监督效率。

7.2.2　农民参与农地整理项目施工监督制度下的交易费用

农民参与农地整理项目施工监督制度下，交易费用主要包括监理合同执行费用、业主监督费用和农民参与费用。其中，监理合同执行费用主要包括：监理人员的工资福利（SW_2）、食宿费用（AC_2）、办公用品及器械维护使用费（OC_2）、日常巡查的交通费（TC_{j2}）、通信费（CC_{j2}）等。业主监督费用主要包括：业主单位工作人员的交通费（TC_{y2}）、通信费（CC_{y2}）、协调处置费（XC_2）等。农民参与费用主要包括农民"监督员"参与农地整理项目施工监督产生的交通费（TC_n）和通信费（CC_n）等（崔鲁宁，2014；吴诗嫚 等，2015）。

因此，农民参与农地整理项目施工监督制度下的交易费用为

$$C_n = C_{jn} + C_{yn} + C_{nn} \tag{7.20}$$

$$C_{jg} = SW_2 + AC_2 + OC_2 + TC_{j2} + CC_{j2} \tag{7.21}$$

$$C_{yg} = TC_{y2} + CC_{y2} + XC_2 \tag{7.22}$$

$$C_{nn} = TC_n + CC_n \tag{7.23}$$

$$C_n = SW_2 + AC_2 + OC_2 + TC_{j2} + CC_{j2} + TC_{y2} + CC_{y2} + XC_2 + TC_n + CC_n \tag{7.24}$$

式中：C_n 为农民参与农地整理项目施工监督制度下的交易费用；C_{jn} 为农民参与农地整理项目施工监督制度下的监理合同执行费用；C_{yn} 为农民参与农地整理项目施工监督制度下的业主监督费用；C_{nn} 为农民参与农地整理项目施工监督制度下的农民参与费用。

7.2.3　两种制度下的交易费用比较

通过上述分析可得

$$C_n - C_g = C_{jn} + C_{yn} + C_{nn} - C_{jg} - C_{yg} = (C_{jn} - C_{jg}) + (C_{yn} - C_{yg}) + C_{nn} \tag{7.25}$$

因农民参与农地整理项目施工监督并没有改变监理公司的人员配置，所以上述两种情形下监理人员工资福利、食宿费用、办公用品和器械维护使用费等成本相同，即 $SW_1 = SW_2$；$AC_1 = AC_2$；$OC_1 = OC_2$。在监理人员的职责范围中，对项目区施工现场进行巡查是最耗时、最费力的工作。在农民参与施工监督的情形下，对项目施工现场进行巡查的大部分工作则由农民"监督员"承担，这样可以大大减少监理人员的巡查次数，从而降低监理人员的交通费和通信费，即 $TC_{j1} > TC_{j2}$，$CC_{j1} > CC_{j2}$。另外，农民参与农地整理项目施工监督，可以协调项目区农民群众与施工企业的关系，减少项目区农民群众与施工企业的矛盾，从而降低业主的交通费、通信费和协调处置费，即 $TC_{y1} > TC_{y2}$，$CC_{y1} > CC_{y2}$，$XC_1 > XC_2$。

　　一方面，由于农民群众长期在项目区内进行生产与生活活动，他们对项目区内的情况了如指掌，由项目区内农民"监督员"承担施工现场的巡查工作，巡查费用比较低；另一方面，项目区农民是农地整理项目的受益者，都有参与项目施工监督的动机和强烈意愿。目前，农民"监督员"一般是项目区内德高望重的年长农民，将参与项目施工监督视为自己的责任，对参与施工监督耗费一点点通信费和交通费并不太在意。因此，农民参与项目施工监督的费用较低 $(TC_n + CC_n) \rightarrow 0$ 。

　　通过以上分析可得

$$C_{jn} - C_{jg} = (TC_{j2} - TC_{j1}) + (CC_{j2} - CC_{j1}) < 0 \qquad （7.26）$$

$$C_{yn} - C_{yg} = (TC_{y2} - TC_{y1}) + (CC_{y2} - CC_{y1}) + (XC_2 - XC_1) < 0 \qquad （7.27）$$

　　所以， $C_n - C_g < 0$ 。其含义为：农民参与农地整理项目施工监督制度下的交易费用低于现行农地整理项目施工监理制度下的交易费用。因此，农民参与施工监督，能降低交易费用，提高监督效率。

7.2.4　农民参与农地整理施工监督绩效的实证分析

1. 研究区域选择

　　目前农民参与农地整理项目施工监督的案例较少，本章选取湖北省首个村级"耕地保护协会"[①]参与的"南水北调汉江沿线土地开发整理重大工程沙洋县李市镇项目"（简称沙洋县李市项目）和采用"二次监理"工作法[②]的"宜都市高坝洲镇八卦山'双低改造'项目"（简称宜都市高坝洲项目）、"宜都市枝城镇全心畈基本农田土地整理项目"（简称宜都市枝城项目）作为农民参与农地整理项目施工监督的研究案例。由于目前绝大部分农地整理项目，农民基本上没有参与施工监督，为了比较，本章选择如下五个农民没有参与施工监督、但监理公司的监理工作做得比较好、工程总体质量比较高的项目——"省级投资孝感市孝南区肖港镇基本农田土地整理项目"（简称孝南区肖港项目）、"孝感市孝南区三汊镇新农村建设试点土地整理项目"（简称孝南区三汊项目）、"潜江市渔洋等两个镇重大工程土地整理项目"（简称潜江市渔洋项目）、"公安县基本农田保护示范区第一期土地整理项目"（简称公安县示范项目）和"公安县闸口等两个镇基本农田（血防）'兴地灭螺'工程土地整理项目"（简称公安县闸口项目）作为现行农地整理项目施工监理制度的研究案例，其中孝南区肖港项目、孝南区三汊项目属于岗前平原工程模式区，其余三个项目属于水网圩田工程模式区。

　　笔者于 2014 年 1 月分别对上述农地整理项目的业主单位负责人、监理公司负责人和农户三类调查对象进行了深入细致的访谈。业主单位负责人和监理公司负责人的调查主要为详细了解项目施工监督所发生的各项成本。考虑到对项目施工监督成本的知情和了解程度，每个项目

---

　　① 2011 年 6 月 27 日，湖北省荆门市沙洋县李市镇彭岭村成立"耕地保护协会"，下设耕地保护理事会。理事会下面设有耕地保护巡查、土地政策宣传、矛盾纠纷调解等三个小组

　　② 宜都市在农地整理项目工程施工中推行的"二次监理"工作法，是指在农地整理项目区内，经适当程序产生的一定数量的受益农民代表，对工程施工现场进行直接的社会监督办法

只对业主单位负责人和监理公司负责人（总监或总监代表）进行面对面的访谈，共收集业主问卷 8 份，监理问卷 8 份。对普通农户的调研，也采用面对面的访谈方法，共收集有效问卷 260 份，问卷有效率 98.11%。其中，专程走访了部分参与施工监督的"耕地保护协会"的成员和"二次监理"的农民监督员，调查农民参与农地整理项目施工监督的成本费用数据，共收集问卷 17 份，其中"耕地保护协会成员"问卷 5 份，"二次监理监督员"问卷 12 份，详见表 7.1。

表 7.1　项目概况及样本分布

监督情形	项目名称	建设规模/hm²	投资规模/万元	业主负责人/份	监理负责人/份	农民监督员/份	普通农民/份	样本总数/份
现行工程监理制度	孝南区肖港项目	1 500.00	3 373.54	1	1	0	34	36
	孝南区三汊项目	666.67	1 443.71	1	1	0	30	32
	潜江市渔洋项目	4 593.33	8 630.00	1	1	0	32	34
	公安县示范区项目	1 353.33	3 013.00	1	1	0	22	24
	公安县闸口项目	1 793.33	4 297.00	1	1	0	38	40
农民参与施工监督制度	沙洋县李市项目	1 993.33	5 875.83	1	1	5	26	28
	宜都市高坝洲项目	1 113.33	3 135.00	1	1	9	33	44
	宜都市枝城项目	433.33	1 625.10	1	1	3	28	33

注：根据问卷整理得到

从表 7.1 可看出，在 260 份有效问卷中，现行工程监理制度下的问卷数占 60.00%，农民参与施工监督制度下的问卷占 40.00%。

2. 农民参与施工监督对工程质量的影响

农地整理项目工程质量不仅受项目施工建设阶段因素的影响，而且还受到项目选址、规划设计和后期管护阶段因素的影响。为简化分析，本章只考虑施工建设阶段对项目工程质量的影响。

农地整理项目工程质量难以直接度量，这里以农民对农地整理项目总体工程和各分项工程的满意度来反映农地整理项目工程质量。

由表 7.2～表 7.6 可知：农民参与施工监督条件下，农民对项目总体工程质量比较满意和非常满意的比例为 60.58%，比较不满意和非常不满意的比例为 8.65%；没有农民参与施工监督条件下，农民对项目总体工程质量比较满意和非常满意的比例为 40.39%，比较不满意和非常不满意的比例为 21.16%。就各分项工程而言，农民参与施工监督条件下，农民对土地平整、灌溉与排水、田间道路、农田防护及生态保持工程质量比较满意和非常满意的比例分别为 34.62%、59.61%、69.23%、45.19%；没有农民参与施工监督条件下，农民对土地平整、灌溉与排水、田间道路、农田防护及生态保持工程质量比较满意和非常满意的比例分别为 37.18%、38.46%、42.30%、37.18%。除土地平整工程外，农民参与施工监督能大大提升灌溉与排水工程、田间道路工程、农田防护及生态保持工程的质量。因此，农民参与施工监督能显著提升农地整理项目工程质量（吴诗嫚 等，2015；崔鲁宁，2014）。

表 7.2 农民对总体工程的质量满意度

情形		非常不满意	比较不满意	一般	比较满意	非常满意	合计
农民参与施工监督	样本数/份	0	9	32	58	5	104
	比例/%	0.00	8.65	30.77	55.77	4.81	100.00
农民未参与施工监督	样本数/份	5	28	60	58	5	156
	比例/%	3.21	17.95	38.46	37.18	3.21	100.00

注：根据问卷整理得到

表 7.3 农民对土地平整工程的质量满意度

情形		非常不满意	比较不满意	一般	比较满意	非常满意	合计
农民参与施工监督	样本数/份	0	17	51	32	4	104
	比例/%	0.00	16.35	49.04	30.77	3.85	100.00
农民未参与施工监督	样本数/份	1	17	80	51	7	156
	比例/%	0.64	10.90	51.28	32.69	4.49	100.00

注：根据问卷整理得到

表 7.4 农民对灌溉与排水工程的质量满意度

情形		非常不满意	比较不满意	一般	比较满意	非常满意	合计
农民参与施工监督	样本数/份	2	23	14	60	5	104
	比例/%	1.92	22.12	13.46	57.69	1.92	100.00
农民未参与施工监督	样本数/份	4	45	47	58	2	156
	比例/%	2.56	28.85	30.13	37.18	1.28	100.00

注：根据问卷整理得到

表 7.5 农民对田间道路工程的质量满意度

情形		非常不满意	比较不满意	一般	比较满意	非常满意	合计
农民参与施工监督	样本数/份	0	9	23	66	6	104
	比例/%	0.00	8.65	22.12	63.46	5.77	100.00
农民未参与施工监督	样本数/份	6	27	57	63	3	156
	比例/%	3.85	17.31	36.54	40.38	1.92	100.00

注：根据问卷整理得到

表 7.6 农民对农田防护及生态保持工程的质量满意度

情形		非常不满意	比较不满意	一般	比较满意	非常满意	合计
农民参与施工监督	样本数/份	0	9	48	46	1	104
	比例/%	0.00	8.65	46.15	44.23	0.96	100.00
农民未参与施工监督	样本数/份	1	22	75	54	4	156
	比例/%	0.64	14.10	48.08	34.62	2.56	100.00

注：根据问卷整理得到

3. 农民参与施工监督对交易费用的影响

除农民参与施工监督的因素外，项目区地貌类型、建设规模、施工难度、施工企业等因素，都会对农地整理项目施工监督的交易费用产生影响。通过调查分析，本节选取同属于湖北省岗前平原工程模式区的沙洋县李市项目、宜都市高坝洲项目和宜都市枝城项目作为农民参与施工监督的案例。现行施工监理制度的案例，则选取同属于湖北省岗前平原工程模式区的孝南区肖港项目、孝南区三汊项目，以及与岗前平原工程模式区在空间上紧邻的水网圩田工程模式区的潜江市渔洋项目、公安县示范项目、公安县闸口项目[①]。

各项目参与施工监督的人员构成见表 7.7。由于项目建设规模不同，业主和监理公司也存在差异，施工监督人员配置各不相同。其中，宜都高坝洲项目人员数量最多，高达 27 人，业主单位、监理公司和农民监督员人数均排序靠前；公安示范项目人员数量最少，只有 8 人，业主单位和监理公司人员配置最少。由此可知，业主单位参与监督的人数基本相当，监理公司的监理人员配置差异较大，农民监督员人数也存在一定差异。

表 7.7　施工监督人员构成

监督情形	项目名称	业主单位/人	监理公司/人	农民监督员/人	小计/人
现行工程监理制度	孝南区肖港项目	3	11	0	14
	孝南区三汊项目	3	6	0	9
	潜江市渔洋项目	2	13	0	15
	公安县示范项目	2	6	0	8
	公安县闸口项目	2	7	0	9
农民参与施工监督制度	沙洋县李市项目	2	9	7	18
	宜都市高坝洲项目	3	12	12	27
	宜都市枝城项目	2	9	6	17

注：根据问卷整理得到

经计算得到两种情形下每个农地整理项目监理公司的监理成本、业主单位的监督成本和农民的监督成本，详见表 7.8～表 7.10。就监理公司的监理成本来讲，宜都高坝洲项目最高，为 59.90 万元；宜都枝城镇项目最低，为 17.30 万元。在监理公司的监理成本中，通信费和办公用品开支所占比例较小，食宿开支和交通费所占比例较大，工资福利所占比例最大。就业主单位的监督成本来讲，孝南三汊项目最高，为 10.37 万元；宜都枝城镇项目最低，为 0.68 万元；其中，交通费所占比例最大，其次为协调处置费，最小的是通信费。就农民参与的监督成本来讲，现行施工监理制度下的农民监督成本为零，农民参与施工监督制度下的农民监督成本为正；其中，宜都高坝洲项目最高，沙洋李市项目最低，宜都枝城镇项目居中。

---

① 在同一工程模式区内，土地利用限制因素及克服这些限制因素拟采取的土地整理工程措施具有一定的相似性

表 7.8　监理公司的监理成本

监督情形	项目名称	工资福利/万元	食宿开支/万元	办公用品/万元	通信费/万元	交通费/万元	监理成本/万元
现行工程监理制度	孝南区肖港项目	33.60	9.36	0.80	1.17	6.60	51.53
	孝南区三汊项目	42.50	8.16	0.50	1.28	4.25	56.69
	潜江市渔洋项目	32.40	8.20	1.00	2.76	9.30	53.66
	公安县示范项目	18.50	4.50	0.80	0.60	6.20	31.20
	公安县闸口项目	35.19	8.84	0.50	2.13	11.05	57.71
农民参与施工监督制度	沙洋县李市项目	17.55	5.76	0.40	1.49	3.51	28.71
	宜都市高坝洲项目	46.00	5.40	0.55	1.75	6.20	59.90
	宜都市枝城项目	12.40	2.16	0.55	0.51	1.68	17.30

注：根据问卷整理得到

表 7.9　业主单位的监督成本

监督情形	项目名称	通信费/万元	交通费/万元	协调处置费/万元	小计/万元
现行工程监理制度	孝南区肖港项目	1.08	4.20	2.04	7.32
	孝南区三汊项目	1.53	5.95	2.89	10.37
	潜江市渔洋项目	0.70	3.85	0.90	5.45
	公安县示范项目	0.30	2.00	3.00	5.30
	公安县闸口项目	0.68	4.25	5.10	10.03
农民参与施工监督制度	沙洋县李市项目	0.36	1.35	0.72	2.43
	宜都市高坝洲项目	0.24	0.60	0.50	1.34
	宜都市枝城项目	0.08	0.4	0.2	0.68

注：根据问卷整理得到

表 7.10　农民参与的监督成本

监督情形	项目名称	通信费/万元	交通费/万元	小计/万元
现行工程监理制度	孝南区肖港项目	0.00	0.00	0.00
	孝南区三汊项目	0.00	0.00	0.00
	潜江市渔洋项目	0.00	0.00	0.00
	公安县示范项目	0.00	0.00	0.00
	公安县闸口项目	0.00	0.00	0.00
农民参与施工监督制度	沙洋县李市项目	0.35	0.95	1.30
	宜都市高坝洲项目	1.49	1.40	2.89
	宜都市枝城项目	0.63	1.24	1.87

注：根据问卷整理得到

为了便于比较，将交易费用按建设规模（1 万亩）和亩均投资标准（1500 元/亩）进行标准化，标准化后的交易费用见表 7.11。现行施工监督制度下的交易费用均值为 28.55 万元，其中业主单位的监督成本平均值为 4.11 万元，监理公司的监理成本平均值为 24.44 万元，农民的监督成本平均值为 0.00；农民参与施工监督制度下的交易费用均值为 18.54 万元，其中业主单位的监督成本平均值为 0.61 万元，监理公司的监理成本平均值为 16.66 万元，农民的监督成本平均值为 1.26 万元。由此可以看出，农民参与农地整理项目施工监督，可以显著降低业主单位和监理公司的监督成本，在一定程度上增加了农民的监督成本，但是交易费用总量降低了。

表 7.11　标准化后的交易费用

监督情形	项目名称	业主单位监督成本/万元	监理公司监理成本/万元	农民监督成本/万元	交易费用合计/万元
现行工程监理制度	孝南区肖港项目	3.25	22.91	0.00	26.16
	孝南区三汊项目	10.37	56.70	0.00	67.07
	潜江市渔洋项目	0.59	5.84	0.00	6.43
	公安县示范项目	2.61	15.35	0.00	17.96
	公安县闸口项目	3.72	21.41	0.00	25.13
	均值	4.11	24.44	0.00	28.55
农民参与施工监督制度	沙洋县李市项目	0.61	7.19	0.33	8.13
	宜都市高坝洲项目	0.60	26.82	1.30	28.72
	宜都市枝城项目	0.63	15.97	2.16	18.76
	均值	0.61	16.66	1.26	18.54

注：根据问卷整理得到

从单个项目的交易费用来看，潜江市渔洋项目最低，主要原因是其建设规模高达 4593.33 公顷，远高于其他 7 个项目，存在规模效益，所以平均交易费用很低。沙洋县李市项目仅次于潜江市渔洋项目，其交易费用明显低于其他项目，其主要原因是沙洋县李市镇彭岭村成立了"耕地保护协会"，该农民组织全程参与了项目规划设计方案制定和项目施工监督及矛盾调处，分担了监理人员的监督巡查工作；此外，该组织代表广大农民的利益参与施工监督，得到了广大农民的支持，项目施工建设比较顺利，所以施工监督中交易费用总额大幅降低。

宜都市高坝洲项目和沙洋县李市项目虽然都有农民参与施工监督，但其交易费用仍然存在较大差异。究其原因：宜都市高坝洲项目的监理公司为三峡大学建筑设计研究院，它隶属于三峡大学，是三峡大学的科研与教学基地，所以其监理人员数量更多，专业水平更高，交易费用自然就高于其他三个项目；另外，宜都市高坝洲项目虽然实施了"二次监理"工作法，但二十多名"农民质量监督员"处于各自为政的状态，这加大了组织协调难度，导致费用增加。由此可见，分散的、无组织的农民参与施工监督不一定能降低交易费用，自发成立的农民组织参与施工监督能显著降低交易费用（吴诗嫚 等，2015；崔鲁宁，2014）。

7.3　农民参与农地整理施工监督的意愿及其影响因素

7.3.1　农民参与农地整理施工监督的意愿

1. 农民对参与农地整理施工监督的认知

调查结果表明，农民对农地整理和农民参与农地整理的重要性具有较高的认同度。45.00%的受访农民认为农地整理对农民有非常大的好处，48.85%的受访农民认为农地整理对农民的好处比较大，5.77%的受访农民认为农地整理对农民的好处一般，0.38%的受访农民认为农地整理对农民的好处比较小。88.46%的受访农民认为农民参与农地整理项目比较重要或非常重要，仅有2.31%的受访农户认为农民参与不重要，详见表7.12和表7.13。

表 7.12　农地整理给农民带来的益处

益处大小	非常小	比较小	一般	比较大	非常大	合计
样本数/份	0	1	15	127	117	260
比例/%	0.00	0.38	5.77	48.85	45.00	100.00

注：根据问卷整理得到

表 7.13　农民参与农地整理项目的重要性

重要性级别	非常不重要	比较不重要	一般	比较重要	非常重要	合计
样本数/份	0	6	24	143	87	260
比例/%	0.00	2.31	9.23	55.00	33.46	100.00

注：根据问卷整理得到

农民对参与农地整理施工监督的意义比较了解，对参与方式也很关心。调查结果显示，80%以上的受访者认为农民参与农地整理施工监督可以提高工程质量、保障农民参与权和监督权，40%~55%的受访者认为农民参与农地整理施工监督可以使项目得到支持、健全权力约束机制和降低监管成本。在激励农民参与农地整理施工监督积极性的方式上，超过60%的受访农民倾向于自发成立的农民组织和项目指挥部指定的监督员这两种参与方式，详见表7.14和表7.15。

表 7.14　农民参与农地整理项目施工监督的意义

意义明细	保障参与权、监督权	项目得到支持	提高工程质量	降低监管成本	健全权利约束机制	合计
样本数/份	211	142	224	111	116	804
比例/%	81.15	54.62	86.15	42.69	44.62	309.23

注：此题为多选题，故各选项数据之和大于100%

表 7.15　激发农民参与施工监督积极性的方式

方式种类	指挥部指定的组织	农民自发组织	指挥部指定的监督员	农民个人自发参与	合计
样本数/份	114	179	161	51	505
比例/%	43.85	68.85	61.92	19.62	194.23

注：此题为多选题，故各选项数据之和大于 100%

2. 农民参与农地整理施工监督的意愿及原因

调查结果显示（表 7.16），只有 6.54% 的受访农民不愿意参与农地整理项目的任何阶段；85.38% 的受访农民愿意参与施工建设阶段，72.31% 的受访农民愿意参与规划设计阶段，65.77% 的受访农民愿意参与后期管护阶段，20.38% 的受访农民愿意参与申报立项阶段。可见，农民对参与农地整理施工监督的意愿最强烈。

表 7.16　农地整理各阶段的参与意愿

项目阶段	申报立项阶段	规划设计阶段	施工建设阶段	后期管护阶段	都不愿意参与	合计
样本数/份	53	188	222	171	17	651
比例/%	20.38	72.31	85.38	65.77	6.54	250.38

注：此题为多选题，故各选项数据之和大于 100%

农民愿意参与施工监督的原因主要表现在以下四个方面：与自身利益息息相关（87.39%），维护全村利益（80.87%），义务为全村人民服务（43.48%），体现自身价值（32.61%）。农民不愿意参与施工监督的原因主要表现在以下四个方面：无时间参与（57.69%），农民参与是走形式、效果不佳（50.00%），知识储备不够（42.31%），参与需支付一定的成本（7.69%）。详见表 7.17 和表 7.18。

表 7.17　农民愿意参与施工监督的原因

原因种类	自身价值的体现	义务为全村人民服务	与自身利益息息相关	维护全村利益	合计
样本数/份	75	100	201	186	562
比例/%	32.61	43.48	87.39	80.87	244.35

注：此题为多选题，故各选项数据之和大于 100%

表 7.18　农民不愿意参与施工监督的原因

原因种类	无时间参与	有一定成本	没什么效果	知识储备不足	合计
样本数/份	15	2	13	11	41
比例/%	57.69	7.69	50.00	42.31	157.69

注：此题为多选题，故各选项数据之和大于 100%

7.3.2　农民参与农地整理施工监督意愿的影响因素

1. 模型建立与变量选择

农民参与农地整理施工监督受主客观等多种因素的影响。在已有研究和调研的基础上，

本节选择以下三组共 12 项指标作为自变量建立模型（表 7.19）。农民参与农地整理施工监督意愿的计量模型为

$$Y=f(X_1+X_2+\cdots+X_{12})+\varepsilon \tag{7.28}$$

式中：Y 为农民参与施工监督的意愿（取值为 1 和 0，"愿意参与为 1""不愿意参与为 0"）；ε 为随机干扰项。

表 7.19　计量模型自变量

影响因素	变量代码	变量名称	变量解释
户主特征	X_1	受教育程度	1=小学及以下，2=初中，3=高中，4=大专，5=大专以上
	X_2	是否为村干部	1=是，2=否
家庭特征	X_3	家庭总人口	问卷调查得到
	X_4	农业人口	问卷调查得到
	X_5	非农人口占比	问卷调查得到
	X_6	家庭总收入	问卷调查得到
	X_7	非农收入占比	问卷调查得到
	X_8	承包地面积	问卷调查得到
环境特征	X_9	信息公开程度	1=非常低，2=较低，3=一般，4=较高，5=非常高
	X_{10}	村委会对农民参与施工监督的态度	1=非常不支持，2=不支持，3=一般，4=支持，5=非常支持
	X_{11}	地方政府对农民参与施工监督的态度	1=非常不支持，2=不支持，3=一般，4=支持，5=非常支持
	X_{12}	地方政府是否合理引导农民参与	1=是，2=否

由于因变量为 0-1 型变量，本节采用二元 Logistic 回归模型分析农民参与农地整理施工监督意愿的影响因素。假设农民 X_i 选择参与施工监督的概率为 P_i，则 $1-P_i$ 为不愿意参与的概率，二元 Logistic 回归方程如下：

$$P_i=\frac{\exp(\beta_0+\beta_1X_1+\cdots+\beta_iX_i)}{1+\exp(\beta_0+\beta_1X_1+\cdots+\beta_iX_i)} \tag{7.29}$$

式中：P_i 为农民参与农地整理施工监督的概率；X_i 为影响农民参与农地整理施工监督的各因素；β_0 为截距项，β_i 为 X_i 对应的回归系数，表示各影响因素 X_i 对 P_i 的贡献量。

2. 模型估计与结果分析

这里运用 SAS 软件进行分析。首先，进行共线性诊断，剔除存在多重共线性的变量；然后，进行逐步回归，筛选得到农民参与意愿的影响因素。F 检验表明，回归模型良好。模型估计结果见表 7.20。

表 7.20　模型估计结果

变量名	回归系数（B）	标准差	显著性概率
截距项	0.902 5	0.159 0	<0.000 1***
非农人口占比	0.000 1	0.000 0	0.016 3**
非农收入占比	0.041 5	0.027 3	0.130 8
信息公开程度	0.120 4	0.048 6	0.014 0**
村委会对农民参与的态度	0.074 9	0.048 6	0.125 1
是否合理引导农民参与	0.190 2	0.080 0	0.018 3**
R-Square	0.462 5		
$C(p)$	2.350 8		
Pr > F	<0.000 1		

注：***、**、*分别表示在 1%、5%、10%水平上显著

通过对模型变量的回归系数、显著性概率等考察，将农民参与农地整理施工监督意愿的影响因素总结如下。

（1）户主特征。户主受教育程度、是否为村干部，都未通过显著性检验，说明户主特征对农民参与施工监督意愿的影响不明显。

（2）家庭特征。家庭非农人口占比以 5%的显著水平通过检验，回归系数为正。这表明在其他条件不变的情况下，家庭非农人口所占比例越高，农民参与施工监督的意愿越高。虽然非农收入所占比例未通过显著性检验，但回归系数为正，在一定程度上也说明家庭非农收入所占比例对农民参与意愿产生正向影响。其原因可能是，家庭经济条件好的农民，不在乎参与施工监督所耗费的成本，其参与意愿强烈。

（3）环境特征。信息公开程度、是否合理引导农民参与以 5%的显著水平通过检验，且回归系数都为正。这表明在其他条件不变的情况下，有关信息公开程度越高，对农民引导得越好，农民参与施工监督的意愿越强烈。因为信息公开程度越高，引导农民参与越好，农民的参与意愿越强烈。村委会对农民参与的态度虽然没有通过检验，但回归系数为正，这在一定程度上也说明村委会的态度对农民参与意愿产生正向影响。

7.4　农民参与农地整理施工监督的机制构建

7.4.1　监督组织的建立与管理

1. 农民监督组织的建立

每个行政村应该因地制宜地组建农地整理项目农民监督组织（详见 4.2.3 节）。农民监督组织的人数应适当，不宜过多，也不宜过少，具体人数需结合项目区行政村数量确定。农民监督员的遴选须经个人自愿报名和群众推荐，形成候选人名单，然后经全村党员大会投票选出。

经调查，文化水平较高且时间较充裕的退休教师、退休村干部，以及在农村德高望重且身体力行的长者，愿意而且有能力参与农地整理施工监督等农村公共事务。因此，农民监督员应向农村这类人群倾斜。

2. 农民监督组织的管理

农民监督组织是农民自己的组织，代表的是项目区全体农民的利益。因此，其直接向项目区全体农民负责。农民监督组织应在项目指挥部的领导下，独立开展农地整理施工监督工作，不受监理公司的约束，这样就能保证工程质量。

由于农民对农地整理项目施工建设缺乏了解，地方政府及其有关部门应加强对农民监督员的技术培训和技术指导。

7.4.2　监督内容与方法

农地整理项目工程监理的主要内容包括：工程质量及安全控制、工程进度控制、工程造价控制。考虑到农民监督员的特点，结合农地整理的实践，农民监督员的主要职责应为：对农地整理施工过程进行巡查，重点检查各工程设施的数量和位置是否与规划设计方案一致，各项工程的施工工序是否符合规定，所使用的原材料、构配件是否符合要求；协调项目区农民与施工企业的关系；会同监理工程师进行工程质量初步验收。

明确了农民监督员的主要职责后，应借鉴当前建筑工程质量监督方法（王仁义，2012），坚持"早发现，早介入，早解决"的原则，重点做好以下工作。

（1）合理分工，加大巡查。合理划分农民监督员的责任区，明确责任，责任到人；每个农民监督员应保证时间，加大项目区施工巡查力度；积极发动项目区农民，开拓信息渠道，及时核实农民所提供的信息；对水源工程、灌排沟渠和田间道路等重要工程，进行重点监督。

（2）发现问题，及时反映。针对施工中出现的小问题，应及时督促施工企业进行整改，对于出现的重大问题应及时向业主单位和现场监理工程师反映。

（3）实行"四个一"。农民监督员，每人一张胸牌，标明监督身份，挂牌上岗；每人一个记事本，做好监督工作日志特别是工程质量日志；每天一次全程巡查；每周一次碰头，相互通报检查工程质量的情况。

7.5　本　章　小　结

本章运用博弈论和交易费用理论分析了现行农地整理项目施工监理制度下和农民参与农地整理项目施工监督制度下的博弈矩阵和交易费用构成，并采用问卷调查资料，对上述两种情形下的工程质量和交易费用进行了测算和分析，得到以下研究结论。

（1）农民参与农地整理项目施工监督，可以提高工程质量。目前农地整理施工质量普遍较低，主要原因是作为业主单位的国土资源管理部门很难对施工企业和监理公司进行有效监督，致使施工企业违规施工，监理公司不作为，甚至两者形成"合谋"，欺骗业主单位和广大农民。农民参与农地整理施工监督，可以提高施工企业和监理公司违规违约行为被发现的概率，防止其形成"合谋"，进而提升农地整理工程施工质量。

（2）现行农地整理项目施工监理制度，是一种专业监理和政府监督相结合的制度，基本上将农民排除在监督之外。现行农地整理施工监理制度下的交易费用主要包括监理公司招标、监理合同签订、监理合同执行、业主监督等方面的费用；农民参与农地整理施工监督制度下的交易费用主要包括监理公司招标、监理合同签订、监理合同执行、业主监督、农民参与等方面费用。

（3）农民参与农地整理项目施工监督，可以显著降低业主单位和监理公司的监督成本，一定程度上增加了农民的监督成本，但是交易费用总量降低了。相对于现行的农地整理施工监理制度来讲，农民参与施工监督可以降低交易费用，提高施工监督的效率。因此，在目前农地整理施工监理制度下，鼓励项目区农民积极参与施工监督，不仅可以提高项目施工质量，而且可以提高施工监理效率。

（4）农民以组织化的形式参与农地整理项目施工监督，效率更高。农民参与施工监督，能够克服监理人员不熟悉项目区环境及监理人员数量不足的弊端，但数量过多的农民以分散的方式参与施工监督，就会增加组织协调的难度，从而降低监督效率。自发成立的农民组织参与施工监督可以显著降低交易费用，提高监督效率。因此，应鼓励各地区因地制宜地成立农民组织，如用水者协会、农业合作社、耕地保护协会等，并加强对农民组织的技术培训与指导，让农民组织真正地、有效地参与到农地整理施工监督，提升监督效率。

第 8 章　农地整理后期管护农民出资机制

8.1　农地整理后期管护资金需求分析

8.1.1　管护内容及管护措施

要确定农地整理后期管护的资金需求量，首先就要明确后期管护内容。作者认为农地整理后期管护主要包括以下两方面内容：第一，维护工程设施的性能和功能，延长其使用寿命；第二，调处工程设施运行中所出现的纠纷和矛盾（张海鑫 等，2016；张海鑫，2013）。

1. 工程设施管护

农地整理工程设施主要包括土地平整、灌溉排水、田间道路、农田防护等工程设施[①]。

1）土地平整工程管护

（1）田面管护。田面管护主要包括以下内容：防止农民随意在自家承包耕地上建房、取土、挖塘和植树，防止有关单位违法违规压占或侵占耕地、向耕地排倒污水等行为发生。田面管护措施主要包括：第一，编制农村居民点集中建设规划，引导农民建房行为；第二，采取树立宣传牌、发放宣传单等方式，宣传有关政策；第三，对工程设施使用情况、有关单位

[①] 这里未考虑村庄整治工程设施

生产与生活情况进行定期检查，及时发现问题；第四，及时劝阻有关个人和单位继续破坏耕地，对较为严重的、劝阻无效的情况应及时向有关部门反映；第五，督促有关个人和单位修复或复垦已经被破坏或压占的耕地。

（2）田埂管护。田埂管护主要包括以下两个方面的内容：防止有关单位和个人破坏田埂，修复被自然损毁的田埂。防止人为破坏田埂的主要措施包括：第一，采取树立宣传牌、发放宣传单等方式，提高公众认识，鼓励监督和举报；第二，对已破坏的田埂进行实地勘察和责任认定；第三，督促有关责任单位和个人对被破坏的田埂进行修复。修复自然损毁田埂的具体措施主要包括：第一，实地查勘被损毁的田埂；第二，协商拟定田埂修复方案，估算修复的工程量和费用；第三，组织村民投工投劳，修复具体的修复工作。

2）灌溉排水工程的管护

（1）防止设施破坏或被盗。其管护措施主要包括：第一，采取树立宣传牌、发放宣传单等方式，进行宣传教育，起到预防效果；第二，对工程设施使用情况进行定期检查，及时发现问题；第三，对正在发生的破坏行为进行说服劝阻，对已破坏的工程进行实地勘察和责任认定；第四，督促有关责任单位和个人改正错误，修复已经破坏的工程。

（2）修复被自然损毁的灌溉排水工程设施。灌排设施管护措施主要包括：第一，实地查勘自然损毁的灌排设施；第二，协商拟定修复方案，估算其工程量和费用；第三，筹集或购置修复所需的有关材料；第四，组织村民投劳投工，开展修复工作。

（3）对灌排设施进行日常维护。其管护措施主要包括：第一，农忙前组织农民对沟渠进行全面清淤；第二，农忙前聘请专业人员对泵站及输配电设施进行全面检修。

3）田间道路工程的管护

（1）防止道路及桥梁设施被人为破坏。管护措施主要包括：第一，采取设立限载标示牌、发放宣传单等方式，进行宣传教育，起到预防效果；第二，对路桥设施使用情况进行定期检查，及时发现问题；第三，对正在发生的破坏行为进行说服劝阻，对已破坏的工程进行实地勘察和责任认定；第四，督促有关责任单位和个人改正错误，修复已经破坏的工程。

（2）修复被损毁的道路及桥梁设施。管护措施主要包括：第一，实地查勘被损毁的道路及桥梁设施；第二，协商拟定修复方案，估算其工程量和费用；第三，筹集或购置修复所需的有关材料；第四，组织村民投劳投工，开展修复工作。

（3）对路桥设施进行日常维护。管护措施主要包括：第一，对道路和桥梁进行加固；第二，对护路沟进行清淤和夯实。

4）农田防护工程的管护

（1）防止设施被人为破坏。管护措施主要包括：第一，采取设立严禁砍伐的标示牌、发放宣传单等方式，进行宣传教育，起到预防作用；第二，对农田防护设施使用情况进行定期检查，及时发现问题；第三，对正在发生的破坏行为进行说服劝阻，对已破坏的防护工程进行实地勘察和责任认定；第四，督促有关责任单位和个人改正错误，修复已经破坏的工程。

（2）修复被损毁的防护设施。管护措施主要包括：第一，对被损毁的防护设施进行实地查勘；第二，协商拟定修复方案，估算其工程量和费用；第三，筹集或购置修复所需的有关材料；第四，组织村民投劳投工，开展修复工作。

（3）日常维护设施。其管护措施主要包括：第一，定期给防护林浇水、修剪、防治病虫害，提高树木成活率；第二，定期加固堤坝；第三，定期对截水沟、排洪沟等坡面防护设施进行加固和清淤。

2. 纠纷和矛盾的调处

在农地整理项目竣工投入使用后，往往会出现如用水纠纷或矛盾、农地权属与流转纠纷或矛盾等。这些纠纷或矛盾若未能及时解决，就可能会影响设施的正常使用。因此，后期管护的内容就应包括对上述纠纷的调处，其管护措施主要包括：第一，纠纷受理，对受理案件进行登记；第二，调查纠纷双方，对其左邻右舍进行走访，了解有关情况；第三，商定调处方案，通告双方，监督执行。

8.1.2　管护资金预算方法

本书借鉴农地整理项目工程建设领域的预算方法，来预测后期管护资金的需求量。

1. 管护成本构成

后期管护费用由以下四部分构成：工程施工费、设备购置费、其他费用、不可预见费。考虑到后期管护一般是管护主体组织项目区群众进行管护工作，所以工程施工费就不含间接费、计划利润和税金，其他费用主要为宣传费、意见征询费、日常养护与巡检费。其具体构成详见表8.1。

表 8.1　农地整理项目后期管护费用构成

费用构成		具体内容
工程施工费	直接工程费	人工费、材料费、机械使用费
	措施费	临时设施费、冬雨季与夜间施工增加费、施工辅助费、安全施工措施费
设备购置费		设备原价、运杂费、运输保险费、采购及保管费等
其他费用	宣传费用	人工费、材料费、其他费
	意见征询费用	人工费、材料费、其他费
	日常养护与巡检费用	人工费、材料费、其他费
不可预见费		施工过程中因自然、价格等不可预见因素变化而增加的费用

2. 管护资金测算方法

农地整理项目后期管护费用可采用以下公式计算：

$$G=G_1+G_2+G_3+G_4 \tag{8-1}$$

式中：G 为后期管护费用；G_1 为工程施工费；G_2 为设备购置费；G_3 为其他费用；G_4 为不可预见费。

1）工程施工费

工程施工费采用以下公式计算：

$$G_1=G_{11}+G_{12} \tag{8-2}$$

$$G_{11} = R + C + J \tag{8-3}$$

$$R = \sum Q_{R_i} \times P_R, \ C = \sum Q_{C_i} \times P_C, \ J = \sum Q_{J_i} \times P_J \tag{8-4}$$

$$Q_{R_i} = D_{R_i} \times L_i', \ Q_{C_i} = D_{C_i} \times L_i', \ Q_{J_i} = D_{J_i} \times L_i' \tag{8-5}$$

$$L_i' = L_i \times \mu_i \times \lambda_i \tag{8-6}$$

式中：G_{11} 为直接工程费；G_{12} 为直接费用中的措施费；R 为直接工程费中的人工费；C 为材料费；J 为施工机械台班费；Q_{R_i} 为劳动量（工日）；Q_{C_i} 为材料用量；Q_{J_i} 为机械使用量（台班）；P_R 为人工预算单价（元/工日），根据《土地开发整理项目预算定额标准》确定；P_C 为材料预算单价，依据主要当地的"工程造价信息"确定；P_J 为施工机械台班费（元/台班），根据《土地开发整理项目施工机械台班费定额》确定；D_{R_i} 为单位工程量的定额劳动量；D_{C_i} 为单位工程量的定额材料用量；D_{J_i} 为单位工程量的定额机械使用量（台班）；L_i' 为修复工程量；L_i 为设施建设总量；μ_i 为设施损坏比例；λ_i 为设施损坏程度；μ_i、λ_i 受设施使用年限和建设质量的影响。

农地整理涉及的工程设施类型多样，下面仅介绍几种主要设施修复工程量的确定过程与方法，其他设施修复的工程量可依次类推[①]。

U 型渠道修复工程量确定。依据损坏比例确定需要修复渠道的长度，依据损坏程度确定其修复工序。若损坏程度为"压顶破损，U 型槽少量渗漏"，则修复工序为砂浆抹面；若损坏程度为"U 型槽破损，漏水严重"，则修复工序为 U 型槽预制、U 型槽运输和安装、现浇砼压顶；若损坏程度为"渠低垮塌，无法过水"，则修复工序为土方开挖与回填、U 型槽预制、U 型槽运输与安装、现浇砼压顶。

涵管修复工程量确定。根据损坏比例确定需要修复涵管的个数，根据损坏程度确定其修复工序。若损坏程度为"涵管破损，漏水严重"，则修复工序为人工挖沟槽、土方夯填、涵管运输与安装、管箍浇筑；若损坏程度为"涵管破损，竖井及墙身受损"，则修复工序为人工挖沟槽、土方夯填、涵管运输与安装、管箍浇筑、修挡土墙；若损坏程度为"基础垫层垮塌，无法过水"，则修复工序为人工挖沟槽、土方夯填、基础垫层、涵管运输与安装、管箍浇筑、修挡土墙。

农桥修复工程量确定。根据损坏比例确定需要修复农桥的数量，根据损坏程度确定其修复工序。若损坏程度为"栏杆稍有破损，桥面稍有破损"，则修复工序为现浇桥面、砂浆抹面、修护轮带；若损坏程度为"桥面、桥梁破损，通行困难"，则修复工序为砌石桥台、现浇桥面、筑桥梁与台帽、砂浆抹面、修护轮带和挡土墙；若损坏程度为"中墩、基础垫层垮塌，无法通行"，则修复工序为人工挖基坑、土方回填、基础垫层、砌石桥台、现浇桥面、筑桥梁与台帽、砂浆抹面、修护轮带和挡土墙。

泥结碎石路修复工程量确定。根据损坏比例确定需要修复碎石路的长度，根据损坏程度确定其修复工序。若损坏程度为"路面破损"时，则修复工序为修筑碎石路面；若损坏

① 因各地的建设要求以及建设标准不同，同类工程设施所使用的材料和采取的工序不尽相同，所以可根据当地实际做适当调整

程度为"路面破损严重，路基不稳"，则修复工序为修筑砂砾石路基和碎石路面；若损坏程度为"路床塌陷，无法通行"，则修复工序为素土夯实路基、铺设砂砾石路基和泥结碎石路面。

直接工程费确定之后，可以根据《土地开发整理项目预算定额标准》规定的费率计算措施费，从而得到工程施工费。依据《土地开发整理项目预算定额标准》，临时设施费中的土方与石方工程、砌体工程和其他工程，按直接工程费的 2%计，混凝土工程、农用井工程与安装工程，按直接工程费的 3%计；冬雨季施工增加费按直接工程费的 0.7%～1.5%计；夜间施工增加费中的安装工程和建筑工程，分别按直接工程费的 0.5%和 0.2%计；施工辅助费中的建筑工程和安装工程，分别按直接工程费的 0.7%和 1.0%计；安全施工措施费中的安装工程和建筑工程，分别按直接工程费的 0.3%和 0.2%计。

2）设备购置费

设备原价一般取设备的出厂价；运杂费根据设备原价的一定比率计算，不同地区的费率可查表得到；运输保险费的费基为设备原价，按工程所在地区有关规定确定；采购及保管费，根据设备原价和运杂费之和的 0.7%计算。

3）其他费用

管护宣传费、意见征询费、工程设施日常养护与巡检费，由人工费、材料费和其他费构成，人工费包含在管护人员的工资里。所以在估算各部分费用时，首先只考虑材料费和其他费用，最后加入管护人员工资支出即可。

$$G_3 = G_{31} + G_{32} + G_{33} + IF \qquad (8\text{-}7)$$

$$G_{31} = \sum_{i=1}^{5} (C_{1i} + T_{1i}) N_{1i} + h_1 P_W W_1 N_{12} \qquad (8\text{-}8)$$

$$G_{32} = \sum_{i=1}^{3} (C_{2i} + T_{2i}) N_{2i} + h_2 P_W W_2 N_{23} \qquad (8\text{-}9)$$

$$G_{33} = (R_3 + T_{31}) N_{31} + \sum_{i=2}^{5} (C_{3i} + T_{3i}) N_{3i} \qquad (8\text{-}10)$$

式中：G_3 为其他费用；G_{31} 为意见征询费；G_{32} 为管护宣传费；G_{33} 为工程设施日常养护与巡检费；I 为管护人员工资；F 为管护人员数量；C_{11}、C_{12}、C_{13}、C_{14}、C_{15} 为部门咨询、会议座谈、问卷调查、入户访谈、意见采集箱五种意见征询方式下所发生的材料费；T_{11}、T_{12}、T_{13}、T_{14}、T_{15} 为部门咨询、会议座谈、问卷调查、入户访谈、意见采集箱[①]五种意见征询方式下所发生的其他费用；N_{11}、N_{12}、N_{13}、N_{14}、N_{15} 为部门咨询、会议座谈、问卷调查、入户访谈、意见采集箱五种意见征询方式每年发生的次数；h_1 为每次征询意见会议持续的时间；P_W 为农户参加会议的人工单价（元/工时）；W_1 为每次参加意见征询会议的农民数量；C_{21}、C_{22}、C_{23} 为发放宣传单、广播、召开宣传会议三种宣传形式所发生的材料费；T_{21}、T_{22}、T_{23} 为发放宣传单、广播、召开宣传会议三种宣传形式所发生的其他费用；N_{21}、N_{22}、N_{23} 为发放宣

---

① 可结合当时实际情况，只考虑一种或几种主要的方式

传单、广播、召开宣传会议三种宣传形式每年发生的次数；h_2 为每次宣传会议持续的时间；W_2 为每次参加宣传会议的农民数量；R_3 为定期检修所发生的人工费（专业人员费用）；C_{32}、C_{33}、C_{34}、C_{35} 为定期巡查、实地查看、说服劝阻、监督检查工作所发生的材料费；T_{31}、T_{32}、T_{33}、T_{34}、T_{35} 为定期检修、定期巡查、实地查看、说服劝阻、监督检查工作所发生的其他费用；N_{31}、N_{32}、N_{33}、N_{34}、N_{35} 为每年定期检修、定期巡查、实地查看、说服劝阻、监督检查发生的次数。

4）不可预见费

按不超过工程施工费、设备购置费和其他费用之和的 3% 计算不可预见费。

8.1.3　案　例　分　析

1. 研究区域概况

本节选取如下 7 个农地整理项目作为后期管护资金预算的研究区域。

（1）湖北省监利县毛市等镇基本农田土地整理（血防）项目。项目区位于监利毛市、周老嘴和分盐 3 镇，共 2 个片区，涉及 14 个行政村。区域内水系纵横交错，主要有西干电排河、内荆河、丰收河、跃进河、总干渠等。项目区土地面积 2 145.42 hm²，耕地面积 1 828.2 hm²，户数 4 174 户，人口 20 452 人。施工期限为 2007 年 10 月～2008 年 9 月。

（2）湖北省监利县黄歇口等镇基本农田土地整理项目。项目区位于监利黄歇口、程集 2 镇，共 2 个项目片区，涉及 19 个行政村。项目区土地面积 1 902.44 hm²，建设规模 1 816.84 hm²，施工期限为 2007 年 11 月～2008 年 11 月。

（3）湖北省监利县新沟镇基本农田土地整理项目。项目区位于监利新沟镇，涉及 3 个行政村。项目区土地面积 473.97 hm²，建设规模 454.25 hm²，项目施工期限为 2008 年 11 月～2010 年 10 月。

（4）湖北省监利县周老嘴等两个镇基本农田土地整理项目。项目区位于监利周老嘴和网市二镇，共 3 个项目片，涉及 17 个行政村。项目施工期限为 2005 年 9 月～2006 年 6 月。

（5）仙洪新农村建设试验区仙桃市张沟镇高效种养基地土地整理项目。项目区位于仙桃张沟镇，共 1 个项目片区，涉及 10 个行政村。项目施工期限为 2008 年 10 月～2010 年 9 月。

（6）仙桃市毛咀等两个镇基本农田土地整理"兴地灭螺"工程项目。项目区位于仙桃毛咀、剅河二镇，共 1 个项目片区，涉及 10 个行政村。项目建设规模 2499.17 hm²，施工期限为 2009 年 11 月～2010 年 10 月。

（7）仙桃市杨林尾等两个镇基本农田土地整理（血防）项目杨林尾片。项目片区位于仙桃杨林尾镇，涉及 5 个行政村。项目施工期限为 2006 年 9 月～2007 年 9 月。

2. 样本数据分析

1）数据来源

课题组于 2012 年 12 月对上述项目进行入户问卷调查。本次调查采取随机抽样方法进行，即在每个项目区内随机选择 1～2 个乡镇，每个乡镇随机选择 1～5 个行政村，每个行政村随机选择 1～5 个小组。调查对象主要是小组组长或对整理项目较为熟悉的农民，调查内容主要包括农地整理项目建设、工程设施使用、工程设施损坏、工程设施管护及其费用等情况。本次调查共走访 10 个乡镇 86 个小组，有效问卷共 86 份，其中工程设施投入使用时间在 4 年及以上的共 29 份，使用时间在 2 年及以下的共 57 份。

2）工程设施管护基本情况

这里主要从管护资金和管护人员两个方面，来分析工程设施管护的基本情况。

（1）后期管护资金

调查结果（表 8.2）显示，目前农地整理项目普遍缺乏后期管护资金。58.14%的小组，比较缺乏管护资金；25.58%的小组，很缺乏管护资金；16.28%的小组，管护资金一般。

表 8.2　工程设施后期管护资金充足程度

资金充足情况	很缺乏	比较缺乏	一般	比较充足	很充足
样本数/个	22	50	14	0	0
比例/%	25.58	58.14	16.28	0.00	0.00

从表 8.3 可以看出，目前受益农户的自筹资金是后期管护资金的主要来源，所占比例为 72.09%；村委会筹集和县、乡（镇）政府出资处于第二位和第三位，占比分别为 48.84%和 10.47%。从意愿来看，98.84%的受访农户认为后期管护资金应来源于村委会筹集，88.37%的受访农户认为后期管护资金应由县、乡（镇）政府负担，67.44%的受访农户认为后期管护资金应由受益农户承担，5.81%的受访农户认为后期管护资金应由农地转入的企业或大农户承担，还有 1.16%的受访农户认为后期管护资金应由设施承包所得解决。

表 8.3　工程设施后期管护资金来源

	资金来源	①	②	③	④	⑤	⑥	⑦	⑧
现状	村组数/个	9	42	1	0	62	0	0	1
	比例/%	10.47	48.84	1.16	0.00	72.09	0.00	0.00	1.16
期望	村组数/个	76	85	5	1	58	0	0	0
	比例/%	88.37	98.84	5.81	1.16	67.44	0.00	0.00	0.00

注：该题为多项选择，故比例之和超过 100%。①县、乡（镇）政府；②村委会筹集；③农地转入的企业或大农户等；④承包设施所得；⑤受益农户筹集；⑥专业协会等组织（农业用水协会等）；⑦其他；⑧没有。

（2）工程设施管护人员情况

调查结果显示（表 8.4），上述项目建后管护人员主要包括村干部和小组长，仍有部分项目的工程设施处于无人管护状态。从表 8.5 可以看出，45.35%的小组，工程设施管护人员在 3 人以下；管护人员在 4～6 人、7～9 人、10～12 人的小组所占比例相差不大，分别为 17.44%、16.28%和 12.79%；管护人员在 13 人以上的小组仅占 8.14%。从受访农户的期望来看，工程设施管护人员多集中在 4～6 人与 7～9 人，所占比例分别为 29.07%与 26.74%。

表 8.4　工程设施管护人员构成

项目	村干部	小组长	村民代表	工程承包人	其他	无人管护
人员构成	42	24	1	0	30	10
比例/%	48.84	27.91	1.16	0.00	34.88	11.63

注：由于该题为多项选择，故比例之和超过 100%

表 8.5　工程设施管护组织的人数

项目		①	②	③	④	⑤	⑥
现状	村组数/个	39	15	14	11	1	6
	比例/%	45.35	17.44	16.28	12.79	1.16	6.98
期望	村组数/个	2	25	23	15	15	6
	比例/%	2.33	29.07	26.74	17.44	17.44	6.98

注：①3 人以下；②4~6 人；③7~9 人；④10~12 人；⑤13~15 人；⑥15 人以上

需要指出的是，农地整理项目后期管护人员与项目建设规模、涉及村组数量有关。经调查，目前每个小组项目管护人员平均为 0.87 人，假设项目共涉及 x 个小组，则 $F=0.87x$。

3）工程设施损坏情况

田埂、沟渠、涵管、水闸、农桥、泵站、道路等工程设施在各个项目区普遍存在，所以本节只分析这些常见的工程设施的损坏情况。

（1）田埂损坏情况

田埂损坏比例按如下公式计算：

$$田埂损坏比例=\frac{田埂破损长度}{该项目在该村（小组）的建设田埂长度}\times100\% \qquad (8\text{-}11)$$

田埂损坏比例的含义是：在使用若干年限后，每 100 m 田埂的损坏长度。其计算结果见表 8.6。

表 8.6　田埂损坏比例　　　　　　　　　　　　（单位：%）

田埂损坏	最小值	最大值	平均值
投入使用 4 年及以上	3.00	6.67	4.80
投入使用 2 年及以下	2.50	9.33	6.26

从表 8.6 可看出，投入使用 2 年及以下的损坏比例高于投入使用 4 年及以上的损坏比例，其主要原因在于：除了工程施工质量外，田埂在投入使用后不断被压实，随着投入使用年限增加，田埂压实度逐渐提高，因此不易破损。

（2）沟渠损坏情况

沟渠损坏比例按如下公式计算：

$$沟渠损坏比例=\frac{沟渠破损长度}{该项目在该村（小组）的建设沟渠总长度}\times100\% \qquad (8\text{-}12)$$

沟渠损坏比例的含义是：在使用若干年限后，每 100m 沟渠的损坏长度。其计算结果见表 8.7。

表 8.7　沟渠损坏比例　　　　　（单位：%）

沟渠损坏	U 型渠	土渠	土沟
投入使用 4 年及以上	7.59	13.19	11.62
投入使用 2 年及以下	4.62	9.24	8.56

本书还调查了每 100 m 沟渠的损坏程度，结果见表 8.8。

表 8.8　沟渠损坏程度　　　　　（单位：%）

损坏程度	投入使用 4 年及以上			投入使用 2 年及以下		
	U 型渠	土渠	土沟	U 型渠	土渠	土沟
①	39.13	41.38	55.17	75.51	57.89	47.27
②	60.87	58.62	44.83	24.49	42.11	52.73

注：①压顶破损，少量渗水；②渠身破损，漏水严重

（3）水工建筑物损坏情况

水工建筑物损坏比例按如下公式计算：

$$水工建筑物损坏比例 = \frac{设施破损数量}{该项目在该村（小组）建设该设施的总数量} \times 100\% \qquad (8\text{-}13)$$

水工建筑物损坏比例的含义是：在使用若干年限后，每 100 座水工建筑物的损坏数量。其计算结果见表 8.9。

表 8.9　主要水工建筑物损坏比例　　　　　（单位：%）

主要水工建筑物损坏	涵管	水闸	农门	农桥	泵站
投入使用 4 年及以上	15.58	14.02	15.44	23.21	24.21
投入使用 2 年及以下	13.61	13.25	14.14	7.81	10.20

本书还调查了每 100 座水工建筑物的损坏程度，结果见表 8.10～表 8.13。

表 8.10　涵管损坏程度　　　　　（单位：%）

涵管损坏	①	②	③
投入使用 4 年及以上	86.67	13.33	0.00
投入使用 2 年及以下	80.65	19.35	0.00

注：①涵管破损，漏水严重；②涵管破损，竖井及墙身受损；③竖井、基础垫层垮塌，无法过水

表 8.11　节制闸损坏程度　　　　　　　　　　　（单位：%）

损坏程度	投入使用 4 年及以上		投入使用 2 年及以下	
	水闸	农门	水闸	农门
①	33.33	80.00	83.33	60.00
②	66.67	20.00	16.67	40.00
③	0.00	0.00	0.00	0.00

注：①启闭机、闸门损坏，出现漏水现象；②闸板损坏，漏水严重；③闸墩、垫层、支撑板损坏，不能分水

表 8.12　农桥损坏程度　　　　　　　　　　　（单位：%）

农桥损坏	①	②	③
投入使用 4 年及以上	80.00	13.33	6.67
投入使用 2 年及以下	100.00	0.00	0.00

注：①栏杆破损，桥面稍有损坏；②桥面、桥梁破损，通行困难；③中墩、基础垫层垮塌，无法通行

表 8.13　泵站损坏程度　　　　　　　　　　　（单位：%）

泵站损坏	①	②	③	④
投入使用 4 年及以上	0.00	100.00	0.00	0.00
投入使用 2 年及以下	0.00	100.00	0.00	0.00

注：①防盗门、窗、网破损；②电机、变压器、启动器等设备损坏；③进水池、出水池、基座破损；④底板、支墩、泵房等破损

（4）道路损坏情况

道路损坏比例按如下公式计算：

$$道路损坏比例 = \frac{道路损坏长度}{该项目在该村（小组）的建设道路总长度} \times 100\% \qquad (8-14)$$

道路损坏比例的含义是：在使用若干年限后，每 100 m 道路的损坏长度。其计算结果见表 8.14。

表 8.14　道路损坏比例　　　　　　　　　　　（单位：%）

道路损坏	水泥路	碎石路	土路
投入使用 4 年及以上	6.65	10.10	19.61
投入使用 2 年及以下	3.92	8.59	14.13

本书还调查了每 100 m 道路的破损程度，结果见表 8.15。

表 8.15 道路损坏程度 （单位：%）

损坏程度	投入使用 4 年及以上			投入使用 2 年及以下		
	水泥路	碎石路	土路	水泥路	碎石路	土路
①	87.50	34.78	18.75	93.75	57.69	50.00
②	12.50	65.22	81.25	6.25	42.31	50.00
③	0.00	0.00	0.00	0.00	0.00	0.00

注：①路肩挖损，路面不平；②路面损坏，路基不稳；③路床塌陷，无法通行

本书假设工程设施的使用寿命为 20 年。按匀减速折旧法计算，投入使用 4 年及以上、投入使用 2 年及以下的工程设施年折旧率分别为 4.76%和 1.43%。

从以上调查结果可以看出，研究区域内农地整理工程设施的损坏情况比较严重，其主要原因是目前后期管护工作普遍较差或缺位。随着农地整理项目后期管护工作的逐步加强，工程设施的损坏比例和损坏程度会有较大幅度的降低。

4）工程设施后期管护中其他费用情况

后期管护的其他费用主要包括管护宣传费、意见征询费、日常养护与巡检费，它们都包含了人工费、材料费和其他费。其中，人工费在管护人员工资中单独计算，意见征询费用、管护宣传费用应单独计算农民参与会议的人工费。

（1）后期管护中会议费情况

根据调查情况，本书假定意见征询会、宣传会都以村民代表会议的方式进行。会议费包括参会人员的人工费、材料费和其他费用。人工费以参会农民为参会而放弃务农的机会成本为标准计算。据课题组已有的成果，在江汉平原，粮食作物的劳动成本为 79.20 元/工日，经济作物的劳动成本为 15.30 元/工日（田勇，2010）。本书取其平均值 47.25 元/工日，务农时间按 8 h/d 计，则人工费预算单价为 5.91 元/工时，即 P_W=5.91 元/工时。材料费用与其他费用根据调查所得，结果见表 8.16。

表 8.16 后期管护村民代表会议费用

费用	参会人数/人	时长/h	人工费/（元/次）	材料费/（元/次）	其他费用/（元/次）	会议单价/（元/次）
最小值	15	1	118.2	0	30	118.2
最大值	150	3	1 773	20	500	2 073
平均值	43.63	2.02	520.49	0.87	70 81	592.18

由表 8.16 可以看出，后期管护村民代表大会参会人数在 15～150 人，平均参会人数 43.63 人，参会人数与村组规模有关。会议时长均值为 2.02 h。据人工费计算公式（人工费=参会人数×会议时长×人工预算单价），可得到人工费均值为 520.49 元/次。会议材料费均值为 0.87 元/次，会议其他费均值为 70.81 元/次。据此可得，会议单价均值为 592.18 元/次。

若某一项目区某一行政村涉及的小组为 x 个，则有 $W_1=W_2$=6.26x 人；会议时长为 2.02 h，即 $h_1=h_2$=2.02 h；会议材料费均值为 0.87 元/次，即 $C_{12}=C_{23}$=0.87 元/次；会议其他费均值为 70.81

元/次，即 $T_{12}=T_{23}=70.81$ 元/次。则村民代表会议单价[1]（h）为 $74.73x+71.68$ 元。

（2）后期管护中意见征询费情况

后期管护中的意见征询费主要包括：咨询政府有关部门所发生的费用、征询农民意见所发生的费用。

通过调查，得到咨询政府有关部门的费用，详见表 8.17。

表 8.17　后期管护咨询部门费用

费用	咨询次数/（次/年）	材料费/（元/次）	其他费用/（元/次）	咨询费用/元
最小值	0	0	0	0
最大值	5	50	300	1 200
平均值	1.52	1.28	27.55	43.82

由于人工费在管护人员工资中已考虑，这里只考虑咨询中的材料费与其他费用。由表 8.17 可以看出，管护组织与有关部门进行沟通的次数在 0～5 次/年，咨询次数均值为 1.52 次/年；材料费均值为 1.28 元/次，其他费均值为 27.55 元/次。由此即可计算得到部门咨询费标准为 43.82 元/次[2]。

通过调查，得到征询农户意见的费用，结果见表 8.18 和表 8.19。

表 8.18　后期管护征询农户意见形式

项目	①	②	③	④	⑤
村组数/个	77	0	78	2	0
比例/%	89.53	0.00	90.70	2.33	0.00

注：多项选择，比例之和超过 100%。①会议；②问卷调查；③入户访谈；④意见采集箱；⑤其他

由表 8.18 可以看出，村组管护组织征询农民意见，主要采取入户访谈和会议的方式。通过调查还可以得到，管护规划会议[3]与方案讨论会议[4]均以村民代表会议的形式进行，管护规划会议每年发生频次平均为 1.62 次，管护方案讨论会议每年发生频次平均为 4.19 次。则征询意见会议每年发生频次平均为 5.81 次，即 $N_{12}=5.81$ 次/年。

表 8.19　后期管护入户访谈费用

费用	访谈次数/（次/年）	材料费/（元/次）	其他费用/（元/次）	入户访谈费/元
最小值	0	0	0	0
最大值	5	20	30	200
平均值	2.17	0.35	17.52	38.78

① 会议单价=人工费+材料费+其他费用=与会人数×时长×人工预算单价+材料费+其他费用
② 部门咨询费用=（材料费+其他费用）×咨询次数=（C11+T11）×N11=（1.28+27.55）×1.52=43.82 元/次
③ 管护规划会议：后期管护中为确定居民点集中建设点、集中取土点等而召开的会议
④ 管护方案讨论会议：为确定管护工作内容、时间安排、人员安排等而召开的会议

由表 8.19 可以看出，管护人员平均每年入户访谈为 2.17 次，每次访谈发生的材料费均值为 0.35 元/次，每次访谈发生的其他费均值为 17.52 元/次。据此即可计算得到入户访谈咨询费标准为 38.78 元/次[1]。由于后期管护其他费用中意见征询费主要包括部门咨询、会议、入户访谈三方面费用，可将式(8-8)简化为

$$G_{31} = (C_{11}+T_{11})N_{11} + (C_{12}+T_{12}+h_1 P_W W_1)N_{12} + (C_{14}+T_{14})N_{14} \qquad (8\text{-}15)$$

式中：C_{11}、C_{12}、C_{14} 为部门咨询、会议、入户访谈所发生的材料费；T_{11}、T_{12}、T_{14} 为部门咨询、会议、入户访谈所发生的其他费用；N_{11}、N_{12}、N_{14} 为部门咨询、会议、入户访谈所发生的次数；h_1 为每次征询意见会议持续时间；P_W 为农户参会的人工单价（元/工时），W_1 为每次参加意见征询会议的农民数量。

通过调查获知，C_{11}=1.28 元/次、C_{12}=0.87 元/次、C_{14}=0.35 元/次、T_{11}=27.55 元/次、T_{12}=70.81 元/次、T_{14}=17.52 元/次、N_{11}=1.52 次/年、N_{12}=5.81 次/年、N_{14}=2.17 次/年、h_1=2.02 h、W_1=6.26x 人、P_W=5.91 元/工时。据此即可计算得到每年后期管护意见征询费用（G_{31}）为 434.20x+499.06 元[2]。

（3）后期管护中宣传费用情况

据调查，后期管护中宣传形式主要是召开宣传会议、设置宣传栏，结果见表 8.20。

表 8.20　后期管护宣传形式

项目	①	②	③	④	⑤
村组数/个	75	0	4	79	4
比例/%	87.21	0.00	4.65	91.86	4.65

注：多项选择，比例之和超过 100%。①设置宣传栏；②发放宣传单；③广播；④召开宣传会议；⑤其他

由于《土地开发整理项目预算定额标准》有宣传栏的定额，本节将宣传栏的费用归入工程施工费用之中，所以，这里只考虑召开宣传会议所发生的费用。据此可将式（8-9）简化为

$$G_{32} = (C_{23}+T_{23}+h_2 P_W W_2)N_{23} \qquad (8\text{-}16)$$

式中：C_{23} 为召开宣传会议的材料费；T_{23} 为宣传会议的其他费用；N_{23} 为召开宣传会议的次数；h_2 为每次宣传会议持续时间；P_W 为农民参会的人工单价（元/工时），W_2 为每次参会的农民人数。

通过调查得到，C_{23}=0.87 元/次、T_{23}=70.81 元/次、h_2=2.02 h、W_2=6.26x 人、P_W=5.91 元/工时、N_{23}=2.53 次/年。据此可以计算得到每年的后期管护宣传费用（G_{32}）为 189.07x+181.35 元。

（4）后期管护中日常养护与巡检费用情况

后期管护中日常养护与巡检主要包括定期检修、定期巡查、实地查勘、说服劝阻、监督检查等措施。为计算定期检修费用，就要明确需要定期检修的工程设施类型，其调查结果见表 8.21。

---

[1] 入户访谈咨询费用=（材料费+其他费用）×咨询次数=(C_{14}+T_{14})×N_{14}=(0.35+17.52)×2.17=38.78 元/次

[2] x 表示项目涉及的村民小组数量

表 8.21　需定期检修的工程设施

项目	①	②	③	④	⑤
村组数/个	86	86	20	1	13
比例/%	100.00	100.00	23.26	1.16	15.12

注：由于该题为多项选择，故比例之和超过100%。①泵站；②水闸等渠系建筑物；③配电设施；④输电线路；⑤其他

从表 8.21 可看出，定期检修的对象主要是泵站和水闸等渠系建筑物。所以本节的定期检修对象只考虑泵站和水闸等渠系建筑物。工程检修费用的调查结果，详见表 8.22。

表 8-22　工程定期检修费用

费用	检修次数/（次/年）	人工费/（元/次）	其他费用/（元/次）	检修费用/元
最小值	1	0	0	0
最大值	4	450	100	1 140
平均值	1.64	177.33	17.21	319.03

从表 8.22 可看出，适宜检修次数（N_{31}）为 1.64 次/年。由于设备购置费在工程施工费中考虑，所以检修费用等于每次检修的人工费与每次检修的其他费之和再乘以每年检修次数，其平均值为 319.03 元。

定期巡查、实地查勘、说服劝阻、监督检查等费用计算，与定期检修费用计算过程一致，此处不再赘述，仅将结果列出，见表 8.23。

表 8.23　管护措施费用核算

费用	定期巡查次数/（次/年）	定期巡查费用/元	实地查勘次数/（次/年）	实地查勘费用/元	说服劝阻次数/（次/年）	说服劝阻费用/元	监督检查次数/（次/年）	监督检查费用/元
最小值	1	10	2	30	3	40	1	10
最大值	4	80	6	125	8	200	7	125
平均值	1.76	29.65	3.52	60.34	5.72	97.51	4.05	69.20

表 8.23 显示，每年定期巡查次数（N_{32}）为 1.76 次，每年实地查勘次数（N_{33}）为 3.52 次，每年说服劝阻次数（N_{34}）为 5.72 次，每年监督检查次数（N_{35}）为 4.05 次；每年定期巡查费用平均值 $[(C_{32}+T_{32})N_{32}]$ 为 29.65 元，每年实地查勘费用平均值 $[(C_{33}+T_{33})N_{33}]$ 为 60.34 元，每年说服劝阻费用平均值 $[(C_{34}+T_{34})N_{34}]$ 为 97.51 元，每年监督检查费用平均值 $[(C_{35}+T_{35})N_{35}]$ 为 69.20 元。通过调查还得到，定期检修的人工费（R_3）为 177.33 元/次，定期检修的其他费用（T_{31}）为 17.21 元/次。据此可得到后期管护中日常养护与巡检费用（G_{33}）为 575.79 元[①]。

---

① $G_{33} = (R_3 + T_{31})N_{31} + \sum_{i=2}^{5}(C_{3i} + T_{3i})N_{3i} = 575.79$ 元

将上述结果代入式（8-7），即可得到后期管护中其他费用（G_3）总和为 1 792.55x+1 256.20 元[①]。

3. 后期管护费用估算

下面以"仙洪新农村建设试验区仙桃市张沟镇高效种养基地土地整理项目"为例，估算其主体工程设施的后期管护费用。

1）工程施工费用估算

工程施工费用的计算公式如下：

$$G_{11} = \sum_{i=1}^{n} (D_{R_i} P_R + D_{C_i} P_C + D_{J_i} P_J) \times L_i \mu_i \lambda_i, \quad i = 1, 2, \cdots, n \qquad （8-17）$$

式中：D_{R_i} 为各项工程单位工程量的定额劳动量；D_{C_i} 为各项工程单位工程量的定额材料用量；D_{J_i} 为各项工程单位工程量的定额机械使用量（台班）；P_R 为人工预算单价（元/工日）；P_C 为材料预算单价；P_J 为施工机械台班费（元/台班）；L_i 为第 i 项工程的项目建设总量；μ_i 为第 i 项工程设施的损坏比例；λ_i 为第 i 项工程设施的损坏程度；n 为各项工程的数量。

D_{R_i}、D_{C_i}、D_{J_i}、P_R、P_C、P_J 在《土地开发整理项目预算定额标准》均可查到，n、L_i 可从项目工程量表中查到，μ_i、λ_i 由上一节得到。代入公式，即可计算得到此项目管护费用中的直接工程费为 90.33 万元。将直接工程费乘以相应费率，即可得到措施费为 2.24 万元。因此，该项目的工程施工费为 92.57 万元。

2）后期管护中其他费用估算

通过上述分析，可得到后期管护中其他费用的简化公式为

$$G_3 = (G_{31} + G_{32} + G_{33}) + IF$$
$$= 434.20x + 499.06 + 189.07x + 181.35 + 575.79 = 1\,792.55x + 1\,256.20 \qquad （8-18）$$

该项目共涉及 74 个村民小组，即 x 为 74，将其代入式(8-18)，即可得到后期管护中的其他费用（G_3）为 133 904.90 元/年。由于项目为 2010 年 9 月竣工，本节估算后期管护费用是以 2012 年末为基准的，因此，该项目投入使用 2 年后期管护中的其他费用为 26.78 万元。

3）后期管护中设备费和不可预见费估算

根据调查所得的工程设施损坏比例与损坏程度，确定需要更换的设备内容，计算得到此项目投入使用两年后的设备购置费为 13.73 万元。按工程施工费、设备购置费和其他费用之和的 3%，计算不可预见费，结果为 3.99 万元。

4）后期管护费用估算结果

将工程施工费、设备购置费、其他费用、不可预见费相加，即可得到该项目投入使用两年后的管护费用总额为 137.07 万元，其构成详见表 8.24。

---

① $G_3 = G_{31} + G_{32} + G_{33} + IF = 434.20x + 499.06 + 189.07 + 181.35 + 575.79 + 1169.28x = 1\,792.55x + 1\,256.20$ 元

表 8.24　后期管护费用预算表

序号	工程费用名称	预算金额/万元	各项费用所占比例/%
1	工程施工费	92.57	67.53
1.1	土地平整工程费	0.00	0.00
1.2	农田水利工程费	60.97	44.48
1.3	道路工程费	31.60	23.05
1.4	其他工程费	0.00	0.00
2	设备费	13.73	10.02
3	其他费用	26.78	19.54
3.1	管护宣传费	2.83	2.07
3.2	意见征询费	6.53	4.76
3.3	日常养护和巡检费	0.12	0.09
3.4	管护人员工资	17.30	12.62
4	不可预见费	3.99	2.91
	总计	137.07	100.00

张沟镇高效种养基地土地整理项目后期管护费用总额为 137.07 万元。其中，工程施工费为 92.57 万元，占总费用的 67.54%；设备购置费为 13.73 万元，占总费用的 10.02%；其他费用为 26.78 万元，占总费用的 19.53%；不可预见费为 3.99 万元，占总费用的 2.91%。

张沟镇高效种养基地土地整理项目建设总投资为 4 536.03 万元，在目前后期管护不太完善的情况下，该项目后期管护费用占项目建设总投资的比例为 3.02%。随着管护工作的逐步规范，后期管护费用将有较大的下降空间。

8.2　农地整理后期管护农民出资分析

农民出资行为一般会受其经济因素与心理因素的影响，取决于其支付能力与支付意愿。下面将从农民的支付能力与支付意愿两个方面，综合分析并确定农地整理后期管护农民出资额度（文高辉 等，2014；张海鑫，2013）。

8.2.1　农民支付能力分析

1. 支付能力分析方法

经济学家 Luch 于 1973 年提出了扩展线性支出系统模型（extend linear expenditure system，ELES），常用于消费结构的分析（蒋晓婧 等，2014；唐立健 等，2005；郑建中 等，2002）。

ELES 模型如下：

$$P_i Q_i = P_i E_i + \beta_i \left(I - \sum_{j=1}^{n} P_j E_j \right), \quad i,j = 1,2,\cdots,n \qquad (8\text{-}19)$$

式中：Q_i 为消费者对 i 商品或服务的实际需求量；P_i 为 i 商品或服务的市场价格；E_i 为消费者对 i 商品或服务的基本需求量；β_i 为消费者对 i 商品或服务的边际消费倾向，$0<\beta_i<1$，并满足 $\sum \beta_i = 1$；I 为消费者的收入。

在参考现有文献的基础上，本书将农民家庭消费分为如下 8 种类型：食品、衣着、交通通信、医疗保健、家庭设备与服务、居住、文教与服务、其他。对截面数据而言，$P_i E_i$ 与 $\sum P_i E_i$ 都是常数，可将式（8-19）进行变换得到如下表达式：

$$\chi_i = P_i E_i - \beta_i \sum_{j=1}^{n} P_j E_j, \quad i,j = 1,2,\cdots,n \qquad (8\text{-}20)$$

$$P_i Q_i = \chi_i + \beta_i I, \quad i = 1,2,\cdots,n \qquad (8\text{-}21)$$

$$P_i E_i = \chi_i + \beta_i \sum_{i=1}^{n} \chi_i \Big/ \left(1 - \sum_{i=1}^{n} \beta_i \right), \quad i = 1,2,\cdots,n \qquad (8\text{-}22)$$

$$\mu_i = \frac{\partial Q_i}{\partial I} \cdot \frac{I}{Q_i} = \beta_i \frac{I}{P_i Q_i}, \quad i = 1,2,\cdots,n \qquad (8\text{-}23)$$

对式（8-21），可通过农户实际消费支出的调查数据，采用回归分析法得到 χ_i、β_i 的估计值，得到农户对某一商品或服务的基本需求，从而确定 ELES 模型的具体形式。式（8-23）为农户对各种商品或服务的需求收入弹性。

2. 农户支付能力评定

通过对 ELES 模型的换算，可得到农户边际消费倾向 β_i、基本需求支出 $P_i E_i$ 和需求收入弹性 μ_i，由此对农户消费结构进行评定，进而分析农户对后期管护出资的支付能力。具体步骤如下：首先将收入用于食品支出，然后根据消费倾向将收入分配到其他消费用途。由此可将农户划分为如下类型。

（1）无支付能力的农户，即家庭收入小于等于其食品基本消费支出的农户，不具备对农地整理后期管护出资的支付能力。

（2）有一定支付能力的农户，即家庭收入能满足食品基本需求但小于等于全部生活消费基本需求的农户。这类农户在满足基本食品需求后，可通过控制消费或调整消费结构等方法，将其剩余收入部分用于后期管护出资。

（3）有支付能力的农户，即家庭收入够满足全部八项生活消费基本需求还有剩余的农户，完全具备对农地整理后期管护出资的支付能力。

3. 案例分析

这里采用课题组于 2012 年 12 月在湖北省仙桃市和监利县 10 个乡镇 24 个行政村进行农户问卷调查所得到的数据，共 342 份有效问卷，其中仙桃市 172 份，监利县 170 份。基于 ELES 模型的支付能力分析如下。

（1）农民收支情况

通过调查得到，受访农民人均纯收入为 8 384.07 元/年[①]。这说明，受访农户在满足生活消费支出的情况下还有一定的结余，这就是本书研究后期管护中农民支付与支付意愿的基础。根据调查区域的实际情况，本书将农民消费支出分为以下 7 种类型：食品支出、衣着支出、住房及设备支出、交通支出、子女教育支出、医疗保健支出、其他支出。调查结果见表 8.25。

表 8.25　农民各类生活消费的年人均支出

支出项目	均值/元	所占比例/%
食品支出	2 119.64	35.83
衣着支出	552.91	9.35
住房及设备支出	553.00	9.35
交通支出	236.39	4.00
子女教育支出	1 193.22	20.17
医疗保健支出	264.02	4.46
其他支出	997.26	16.86
合计	5 916.44	100.00

注：食品支出包括货币性和口粮留存等实物性支出；其他支出主要指"红白喜事"支出

（2）农民基本消费支出

将调查所得的 342 份受访农户的人均纯收入与生活消费支出数据代入下面的公式，并采用 SPSS17.0 对 χ_i、β_i 进行估计，结果见表 8.26。

$$P_iQ_i = \chi_i + \beta_i I, \quad i=1,2,\cdots,n \tag{8-24}$$

表 8.26　ELES 模型参数估计结果

生活消费支出	χ_i		β_i	
	估计值	显著性（P）	估计值	显著性（P）
食品支出	1 982.572***	0.000	0.016**	0.020
衣着支出	487.211***	0.000	0.008***	0.004
住房及设备支出	542.175***	0.000	0.001	0.755
交通支出	189.122***	0.000	0.006**	0.004
子女教育支出	1 641.163***	0.000	−0.005***	0.000
医疗保健支出	241.238***	0.000	0.003	0.274
其他支出	942.948***	0.000	0.006	0.427
合计	6 026.429		0.035	

注：***、**分别表示在 1%、5%的水平下通过显著性检验

[①] 比省统计局公布的 2012 年荆州市、仙桃市农民人均纯收入（9 280 元、8 900 元）略低

从表 8.26 可看出，住房及设备支出、医疗保健支出、其他支出未通过检验，这三项支出与人均纯收入之间的 β 估计值没有统计学意义，其余支出与人均纯收入之间的 χ 、β 估计值都有统计学意义。将此表中 χ 、β 的估计值代入如下公式：

$$P_iE_i = \chi_i + \beta_i \sum_{i=1}^{n}\chi_i \Big/ \left(1-\sum_{i=1}^{n}\beta_i\right), \quad i=1,2,\cdots,n \qquad (8\text{-}25)$$

$$\mu_i = \frac{\partial Q_i}{\partial I}\cdot\frac{I}{Q_i} = \beta_i\frac{I}{P_iQ_i}, \quad i=1,2,\cdots,n \qquad (8\text{-}26)$$

通过计算，即可得到农户对各项支出的基本消费支出 P_iE_i 及各项需求的收入弹性 μ_i 的具体数值，见表 8.27。

表 8.27 农民基本消费支出和需求收入弹性

支出项目	边际消费倾向（β_i）	基本消费需求（P_iE_i）（元）	需求收入弹性（μ_i）
食品支出	0.016	2 053.137	0.063 3
衣着支出	0.008	522.493 6	0.121 3
交通支出	0.006	215.584	0.212 8
子女教育支出	−0.005	1 619.111	−0.035 1
各类生活支出	0.025	4 410.326	

从表 8.27 可看出：受访农民各类生活支出的边际消费倾向为 0.025，说明农民将新增收入的 2.5%用于各类生活消费支出，绝大部分新增收入则转为非生活消费支出和金融资产等广义储蓄；受访农民每年的基本生活消费需求为 4 410.326 元，按从大到小的顺序依次为食品支出、子女教育支出、衣着支出、交通支出；农民对上述四类消费的需求收入弹性均在[0,1]，缺乏弹性。

（3）农民支付能力评定

通过以上分析，本节根据支付能力将受访农户划分为以下三种类型：第一，无支付能力的农户，所占比例为 11.11%。这类农户人均纯收入在 2 053 元/年以下，其收入不能维持基本的食品需求支出，对后期管护出资不具备支付能力。第二，有一定支付能力的农户，所占比例为 15.21%。这类农户人均纯收入在 2 053～4 410 元/年，其收入可以满足基本的食品需求支出，对后期管护出资具有一定的支付能力，但能力有限。第三，有支付能力的农户，所占比例为 73.68%。这类农户人均纯收入在 4 410 元/年以上，其收入在满足各项基本消费需求支出后仍有剩余，对后期管护出资具有支付能力，见表 8.28。

表 8.28 农民对后期管护的支付能力评定

人均纯收入/（元/年）	支付能力分组	户数/户	构成比例/%
<2 053	无支付能力	38	11.11
2 053～4 410	有一定支付能力	52	15.21
>4 410	有支付能力	252	73.68
合计		342	100.00

8.2.2　农民支付意愿分析

1. 分析方法与步骤

下面采用条件价值评估法（contingent valuation method，CVM），利用上述 342 份农户问卷调查数据，对农地整理后期管护农民的支付意愿进行定量分析。

本书对农民支付意愿的调查，设置了如下假设条件：投入使用的农地整理工程设施质量完好，农业专业协会为后期管护主体。在调查后期管护农民出资意愿之前，调查者向受访农户详细介绍后期管护及其重要性、协会的组织架构及管护工作、运行机制及在大型水利灌区管理中所取得的成效。在具体实施调查时，采取支付卡诱导法则。具体步骤如下：首先，询问受访农户是否愿意对后期管护出资；其次，对回答"是"的农户，进一步询问其愿意选择的支付方式；最后，询问农户对不同支付方式可以接受的最大支付额。

2. 调查结果及分析

有关农地整理后期管护农民出资意愿及出资方式的调查结果，详见表 8.29 和表 8.30。从表 8.29 中可看出，83.04%的受访者对农地整理后期管护有出资意愿，16.96%的受访者没有支付意愿。在有支付意愿的 284 位受访农民中，54.93%的农民愿意以"投工"的方式参与农地整理后期管护出资，45.07%的农民选择以"出钱"方式参与后期管护出资。

表 8.29　农户对农地整理后期管护的支付意愿

是否愿意	愿意	不愿意
样本/份	284	58
比例/%	83.04	16.96

表 8.30　后期管护农民出资的方式

出资方式	投工	出钱
样本/份	156	128
比例/%	54.93	45.07

在确定出资方式之后，本书对农民可接受的支付额度进行调查，其结果见表 8.31 和表 8.32。表 8.31 显示，67.18%的受访农民愿意每年每亩出 10～25 元，10.93%的受访农民愿意每年每亩出 1～10 元，21.09%的受访农民每年每亩可接受的出钱额度在 25～50 元，0.78%的受访农民每年每亩可接受的出钱额度大于 50 元。从表 8.32 可看出，74.36%的受访农民愿意每年投工的天数在 4～12 天，11.54%的受访农民愿意每年投工的天数小于 4 天，14.10%的受访农民愿意每年投工 13～30 天。

表 8.31　农民"出钱"的支付意愿分布

支付意愿/[元/(亩·年)]	样本数/份	支付意愿频率/%	支付意愿累计频率/%
1～5	3	2.34	2.34
5～10	11	8.59	10.94
10～15	26	20.31	31.25
15～20	33	25.78	57.03
20～25	27	21.09	78.13
25～30	16	12.50	90.63
30～35	3	2.34	92.97
35～40	6	4.69	97.66
40～50	2	1.56	99.22
>50	1	0.78	100.00

注：选择"出钱"作为支付方式的样本总数为 128 份

表 8.32　农民"投工"的支付意愿分布

支付意愿/（天/年）	样本数/份	支付意愿频率/%	支付意愿累计频率/%
1～3	18	11.54	11.54
4～6	49	31.41	42.95
7～9	48	30.77	73.72
10～12	19	12.18	85.90
13～15	14	8.97	94.87
16～18	2	1.28	96.15
19～21	3	1.93	98.08
22～24	1	0.64	98.72
25～27	1	0.64	99.36
28～30	1	0.64	100.00
>30	0	0.00	100.00

注：选择"投工"作为支付方式的样本总数为 156 份

本书采用支付卡方法计算农民的期望支付额度，其公式如下：

$$E(\text{WTP}) = \sum_{i=1}^{n} A_i P_i, \quad i = 1, 2, \cdots, n \qquad (8\text{-}27)$$

式中：$E(\text{WTP})$ 为后期管护农民的期望支付额度；A_i 为农民选择的支付范围；P_i 为农民选择该支付额度的概率；n 为支付范围的数量。

将表 8.31、表 8.32 中的调查结果代入式（8-27），即可得到后期管护农民愿意支付的出资额度和愿意支付的投工天数的平均值。

$$E(WTP)_钱=2.5×2.34\%+7.5×8.59\%+12.5×20.31\%$$
$$+17.5×25.78\%+22.5×21.09\%+27.5×12.50\%+32.5×2.34\%$$
$$+37.5×4.69\%+45×1.56\%+50×0.78\%$$
$$=19.55\ 元/亩·年$$
$$E(WTP)_工=2×11.54\%+5×31.41\%+8×30.77\%+11×12.18\%$$
$$+14×8.97\%+17×1.28\%+20×1.92\%+23×0.64\%+26×0.64\%$$
$$+29×0.64\%+30×0.00\%$$
$$=7.96\ 天/年$$

根据调查结果,研究区域户均耕地面积为 9.88 亩,则选择以"出钱"方式支付的农户,每年用于后期管护的出资额度为 193.16 元。另据调查结果,研究区域农民从事农业劳动的所得为 35.61 元/天,则选择以"投工"方式支付的农户,每年用于后期管护的出资额度为 283.51 元。由此可以看出,农民选择"投工"方式的出资额比选择"出钱"方式的出资额高 90.35 元,其原因是农民对现金的敏感度高于对时间价值的敏感度,这符合当期农村的实际情况。

根据前文测算的每种支付方式的比例,即可计算得到 342 位受访农民出资额的平均值 E(WTP)为 201.61 元/年[1]。每户出资额为 72.29 元,研究区域每户平均人数为 5.05 人,则每户每人出资额为 14.32 元,小于中部地区每人每年 20 元的筹资限额,符合国家有关规定。342 位受访农民每年投劳为 1 241.76 天（7.96×15）,平均每人每年投劳 3.63 天,小于 10 个工日的劳动限额,符合国家有关规定[2]。

8.3　农地整理后期管护出资方案

大型水利灌区成功的管理经验可为农地整理后期管护提供有益的借鉴。20 世纪 80 年代中期以来,一些国家先后将灌溉设施的权责下放给农民协会和其他私人组织。国内外成功经验表明,由农民自愿组建的非营利性组织——用水者协会对灌溉设施进行管护,可以提高农民的参与意识和参与效率。用水者协会一般设有用水小组、会员代表大会、执委会、监事会等机构,规模较大的用水者协会还设有工程管理、灌溉管理、财务管理等部门。其主要职责为:提供灌溉排水服务,维护工程设施;核算协会运行成本,收缴水费;按照国家有关政策和协会章程,组织会员筹资投劳;推广节水灌溉技术;处理用水纠纷（张海鑫,2013）。

综合国内一些学者（王霞丽,2011）的研究成果,国内灌区水利设施管护资金来源主要包括以下三个方面:各级政府财政投资和转移支付;农村集体经济组织投资;农民集资投劳。

---

[1] E(WTP)=193.16×128/342+283.51×156/342=72.29+129.32=201.61 元/年
[2] 根据《国务院办公厅关于转发农业部村民一事一议筹资筹劳管理办法的通知》（国办发〔2007〕4 号）,以及有关省份关于村民一事一议筹资筹劳管理办法中的限额规定,中部地区每人≤20 元/年,所筹劳务每个劳力≤10 个工日/年

8.3.1　出资方案拟定

通过上文分析可知，灌区管护中各利益主体的出资额度是在划分资金需求类型的基础上，制定切实可行的筹资方案，不同的资金供给主体满足不同部分的资金需求，使管护过程各司其职井然有序。

《湖北省村级公益事业建设一事一议财政奖补试点方案》（鄂农综改办〔2009〕42号）规定："村级公益事业与农民生产生活直接相关，受益面广，具有较强的公益性，属于准公共产品，政府、村集体经济组织和农民都有建设的责任。跨村以及村以上范围的公益事业建设项目投入应主要由各级政府分级负责，由现有的投入渠道解决；村内小型水利、村内道路、环卫设施、植树造林等村民直接受益的公益事业，应以村民通过一事一议筹资筹劳和村集体经济组织投入为主，国家适当给予奖补；农民房前屋后的修路、建厕、打井、植树等投资投劳应由农民自己负责。"

借鉴大型灌区水利设施的管护经验，参照《湖北省村级公益事业建设一事一议财政奖补试点方案》（鄂农综改办〔2009〕42号），同时考虑到湖北省和湖南省粮食主产区农地整理的实际，本书拟定后期管护出资方案如下。

（1）田面与田埂设施的管护资金，由承包农民自行筹资投劳解决。

（2）灌溉排水工程设施中的水源工程设施、跨行政村的输水工程设施、较大的渠系建筑物的管护资金由政府负责，农渠、农沟、涵管等小型农田水利设施的管护资金由村委会或农民自发成立的协会组织农民集资投劳解决。

（3）田间道和机耕桥的管护资金由政府负责，生产路和人行桥的管护资金由村委员会或农民自发成立的协会组织农民集资投劳解决。

（4）堤坝岸坡、谷坊与拦沙坝等农田防护设施的管护费用由政府负责，截水与排洪沟等坡面防护、防风固沙林等防护设施的管护资金由村委会或农民自发成立的协会组织农民集资投劳解决。

（5）泵站电机、启动器、节制闸启闭机等主要设备的管护资金由政府负责。

（6）后期管护中意见征询、管护宣传、日常养护与巡检、管护人员工资等费用，由村委员或农民自发成立的协会组织农民集资投劳解决。

（7）施工过程中涉及的措施费及不可预见费，由政府负责。

8.3.2　案　例　分　析

这里仍然以张沟镇高效种养基地土地整理项目为例进行分析。在8.1节预算得到张沟镇高效种养基地土地整理后期管护资金的基础上（表8.24），根据上述出资方案，即可得到相关利益主体的出资额，见表8.33。从表8.33可看出，政府、农民、农民协会的出资额分别为62.23万元、48.06万元和26.78万元，占后期管护总经费的比例分别为45.40%、35.06%和19.54%。

表 8.33　各利益相关者出资额度

相关利益主体	出资额度/万元	所占比例/%
政府	62.23	45.40
农户	48.06	35.06
农民协会	26.78	19.54
合计	137.07	100.00

　　张沟镇高效种养基地土地整理项目于 2010 年竣工，到 2012 年已投入使用 2 年，则农户每年的后期管护出资额为 24.03 万元。该项目建设规模 2 000.00 hm²，涉及 10 个行政村 3 402 户农户，总人口 13 338 人，即可计算得到每人每年的出资额为 18.02 元，小于每人每年 20 元的筹资限额，符合国家有关规定。此外，根据前文计算结果，农户每年可承受的出资额为 68.59 万元（3 402 户×201.61 元/户）。因此，农户出资 24.03 万元在农户可接受的范围内。

　　在此农地整理项目后期管护资金中，政府每年出资额为 31.12 万元，平均每亩 10.37 元。政府出资可采取以下办法解决：第一，按每亩耕地 5 元的标准，将后期管护费用纳入项目投资预算；第二，通过整合部分涉农资金用于后期管护。国家目前正在进行财政涉农资金整合以支持扶贫开发的试点工作[1]，湖北省和其他省份也在进行这方面的试点工作。因此，本书认为，通过上述办法可以解决农地整理后期管护政府的出资问题。

　　中央已经明确提出，要大力培育以种粮大户、家庭农场、农业合作社、农业产业化龙头企业为骨干的新型农业经营主体，发展多种形式的农业规模经营。目前，全国各地新型农业经营主体正以较快的速度发展，以农民协会为主的新型农业经营主体承担一定的后期管护资金，应该是可行的。若整理后农地全部流转给新型农业经营主体，则其后期管护费用可全部由新型农业经营主体承担。

8.4　本 章 小 结

　　本章在分析农地整理后期管护的内容和措施的基础上，构建了后期管护资金预算方法，并对后期管护农民的支付能力和支付意愿进行了分析，最后提出了后期管护的出资方案，主要结论如下。

　　（1）明细农地整理后期管护内容，是预算农地整理后期管护资金的基础。农地整理后期管护主要包括工程设施管护和纠纷调处两方面内容。后期管护费用由工程施工费、设备购置费、其他费用和不可预见费构成，其中工程施工费包括直接工程费和措施费，其他费用包括意见征询费、管护宣传费、日常养护与巡检费用。直接工程费是对土地平整工程设施、灌溉排水工程设施、田间道路工程设施和农田防护工程设施进行管理和维护所需的人工费、材料费和机械台班费，它与工程设施总的建设量、工程设施的损坏比例

---

① 国务院办公厅《关于支持贫困县开展统筹整合使用财政涉农资金试点的意见》（国办发〔2016〕22 号）

与损坏程度有关。其他费用与管护措施的单价、发生频次、村民小组数量相关。

（2）农民承担一定的农地整理后期管护费用是合理可行的。农地整理后期管护农民出资必须考虑农民的承受能力，以不影响其基本生活为前提。本书采用扩展线性支出系统模型，根据支付能力将农户划分为三种类型：无支付能力的农户，人均纯收入在 2 053 元/年以下；有一定支付能力的农户，人均纯收入在 2 053～4 410 元/年；有支付能力的农户，人均纯收入在 4 410 元/年以上。采用条件价值评估法，利用农户问卷调查的数据，得到农户每年的支付意愿为 201.61 元。经验证，这一出资额对农民基本生活消费支出影响不大，符合国家有关农村筹资投劳的限额规定。

（3）明确农地整理后期管护利益主体的出资范围及出资比例，是解决后期管护问题的重要措施。田面与田埂设施的管护资金，包括农渠农沟与涵管在内的小型农田水利设施的管护资金、生产路和农田防护林等设施的管护资金，由农民出资解决；管护宣传费、意见征询费、设施日常养护与巡检费用、管护人员工资等费用，由农民组织或协会承担；除此之外的其他费用，由政府承担。由此计算得到后期管护中政府、农户和农民协会的出资比例分别为45.40%、35.06%和 19.54%。

第 9 章 政策建议

（1）提高对农民参与农地整理重要性的认识。第一，应充分利用传统新闻媒介和现代信息平台，加强对农地整理背景与意义、政策与制度的宣传力度，使广大人民群众深刻认识到农民参与农地整理对提升项目工程质量、调整农业生产结构与方式、改善农村居住环境等方面的重要意义。第二，地方政府及有关部门、村委会应高度重视农民参与的重要作用，营造农民参与农地整理的良好氛围。

（2）保障农民在农地整理过程中的权益。要保障农民在农地整理过程中的权益，首先应认识清楚，农民权益是经济权益、政治权益、社会文化权益和生态环境权益的综合，不同类型的农户权益诉求具有一定的差异性，也表现出一定的同一性；其次还应认识到，农民权益是一个动态的概念，在不同的社会发展阶段，农民权益诉求的侧重点是不同的。在目前的农地整理过程中，保障农民权益的重点是：经济上应满足农民对提高产量、转变生产方式和调整产业结构的诉求，为发展现代农业提供条件；政治上应加强信息公开的程度和透明度，在民主决策、民主监督和民主管理上加强农户参与；社会文化上应改善农村文体设施条件，丰富农村社会文化；生态环境上应加强村庄内部生活环境的整治，增强农户对生态环境的保护意识。

（3）完善农地整理过程中的农民权益表达机制。在权益表达主体重构上，应广泛开展农民组织试点工作，坚持农民自愿参与的原则，因地制宜地成立农民组织，并给予一定的资金支持。在权益表达客体重构方面，应明确乡镇政府为主要的权益表达客体；尽快改变基层干部的工作作风，提升农民对地方政府的信任度；完善农民意见受理、上报与反馈制度。在农民权益表达渠道重构上，应加强村委会这一农村基层自治组织的建设，使村委会这一农民最基本的权益表达渠道更加畅通；完善基层人民代表大会制度和政治协商制度，使其真正成为农民表达权益诉求的有效渠道；在进一步发挥信访制度和听证制度等制度化渠道的作用的基础上，使手机短信、互联网等新型通信平台逐渐成为农民权益表达的非制度化渠道。

（4）完善农地整理过程中农民利益补偿机制。第一，应充分认识到，农地整理项目实施使项目区所有农民受益，还可能会使部分农民利益受损；对利益受到损失的农民进行合理补偿，不仅有充足的理论依据，符合中央有关保护农民权益的政策，而且能激发农民参与农地整理项目的热情。第二，农地整理是国家推进农业和农村发展的一项公共政策，在国家财力有限的条件下，让农地整理项目区的受益农民支付一定的费用，用以补偿受损农民，是可行的。但是，应根据经济社会发展水平、农地整理项目区实际、农民受益程度，因地因人而异制定受益农民的支付额度和支付方式。第三，青苗损毁、房屋拆迁、坟墓迁移和林木毁损这四项利益损失的补偿资金可纳入项目投资预算，由财政资金支付；其他利益损失的补偿资金，可以由项目区内受益农民的愿意支付额度、项目增值收益、各类社会资金解决。

（5）建立健全农地整理过程中农民参与评价机制。第一，充分认识农民参与评价，不仅是必要的，而且是可行的。作为农地整理项目的最终受益者，农民确确实实不是流于形式地参与到各项评价中，才能真正维护农民的权益。第二，农民评价机制重构，应重点做好以下工作：在项目各环节的评价中，设置农民主导的前置与后置流程；完善农民参与评价的内容和指标体系。第三，应从过程和结果两个方面，构建农地整理农民参与评价的内容和指标体系。

（6）完善农地整理过程中农民监督机制。第一，在当前农地整理项目监理制度下，应鼓励有威望的农民积极参与项目施工监督，提高现行监理制度的运行效率，提高项目施工质量。第二，应因地制宜地组建能代表项目区农民利益的农民组织，如"农业合作社""用水者协会""耕地保护协会"等，并对其进行技术指导，使农民组织有效参与项目施工监督，提高农民监督效率。

（7）建立健全农地整理后期管护农民出资机制。第一，在农地整理项目工程设施后期管护中，农民的出资额应考虑农民的承受能力，以不影响农民基本生活为前提。第二，应建立多元化的农地整理后期管护资金供给渠道，明确各个供给主体的出资比例，是解决当前农地整理后期管护资金短缺问题的重要途径。在今后的农地整理项目后期管护中，政府、农户、村委会或农业协会可以按45%、35%和20%的出资比例来解决后期管护资金问题。

（8）创新农地整理模式，提高农民参与水平。近年来，各地出现了一些非常成功的、"自下而上"、农民主导的农地整理新模式。今后，还应因地制宜地创新农地整理模式，从根本上提高农民参与水平和程度。农地整理模式创新，必须遵循以下原则：第一，充分尊重农民意愿，切实保护农民权益；第二，因地制宜，切忌一刀切；第三，提高土地资源的利用效率；第四，建立多元化的项目立项与实施管理体制；第五，适应现代农业发展、规模化经营的要求；第六，农地整理应与乡村振兴、新型城镇化、精准扶贫相结合。

参 考 文 献

鲍海君, 吴次芳, 贾化民, 2004. 土地整理规划中公众参与机制的设计与应用. 华中农业大学学报(社会科学版)(1): 43-46.

毕宇珠, 2009. 乡村土地整理规划中的公众参与研究: 以一个中德合作土地整理项目为例. 生态经济(9): 38-41.

别乾龙, 张亚丽, 孟庆香, 等, 2010. 参与式评估法在村级扶贫规划中的应用: 以河南省南召县为例. 中国农学通报, 26(16): 424-429.

柴西龙, 孔令辉, 海热提, 2005. 建设项目环境影响评价公众参与模式研究. 中国人口·资源与环境, 15(6): 118-121.

常潞炜. 2010. 论我国农民权益保护: 以人权为视角. 开封: 河南大学.

陈思羽, 2013. 农民用水户协会的组建、运行及农户参与意愿研究. 长沙: 湖南农业大学.

陈成文, 赵锦山, 2008. 农村社会阶层的土地流转意愿与行为选择研究. 湖北社会科学(10): 37-40, 83.

陈建平, 林修果, 2006. 参与式发展理论下新农村建设的角色转换问题探析. 中州学刊(3): 42-46.

陈昌春, 黄贤金, 王腊春, 2007. 苏北灌区农户节水决策的定量分析: 以江苏省宿豫县为例. 中国农村水利水电(10): 26-30.

陈云峰, 孙殿义, 陆根法, 2006. 突变级数法在生态适宜度评价中的应用: 以镇江新区为例. 生态学报, 26(8): 2587-2593.

楚永生, 2008. 参与式扶贫开发模式的运行机制及绩效分析: 以甘肃省麻安村为例. 中国行政管理(11): 48-51.

崔鲁宁, 2014. 农民参与农地整理项目施工监督的绩效与机制研究. 武汉: 华中农业大学.

戴昌桥, 2010. 农民政治参与的特征、效果及路径选择: 以村民自治进程为背景. 湖南科技大学学报(社会科学版), 13(3): 47-53.

丁平, 李崇光, 李瑾, 2006. 我国灌溉用水管理体制改革及发展趋势. 中国农村水利水电(4): 18-20.

杜威漩, 2011. 农田水利问题研究综述: 组织、制度与供给. 水利发展研究(12): 6-11.

段文婷, 江光荣, 2008. 计划行为理论述评. 心理科学进展, 16(2): 315-320.

段巍巍, 郭程瑾, 刘慧勇, 等, 2006. 参与式发展研究方法在村级发展规划中的应用: 以保定市两渔村为例. 中国农学通报, 22(8): 609-612.

樊闽, 2006. 中国土地整理事业发展的回顾与展望. 农业工程学报, 22(10): 246-251.

范柏乃, 张电电, 张晓玲, 等, 2014. 县市级政府土地利用和管理绩效评估指标体系研究: 基于土地督察的视角. 中国土地科学, 28(9): 25-31.

高乃云, 2010. "三农"视域中农民利益表达机制的重构. 求实(1): 85-89.

高绪海, 2013. 当代失地农民利益诉求机制研究. 济南: 山东大学.

高明秀, 张芹, 赵庚星, 2011. 土地整理的评价方法及应用. 农业工程学报, 27(10): 300-307.

桂华, 2014. 项目制与农村公共品供给体制分析: 以农地整治为例. 政治学研究(4): 50-62.

韩青, 袁学国, 2011. 参与式灌溉管理对农户用水行为的影响. 中国人口·资源与环境, 21(4): 126-131.

韩洪云, 赵连阁, 2002. 灌区农户合作行为的博弈分析. 中国农村观察(4): 48-53.

胡珍, 杨钢桥, 汪文雄, 等, 2015. 基于农户视角的农地整理项目后期管护绩效评价. 水土保持通报, 35(2): 198-204.

胡振琪, 贺日兴, 初士力, 2003. 参与型土地复垦的概念与方法. 地理与地理信息科学, 19(1): 96-99.

黄琦, 2008. 参与式理论在土地整理项目规划中的运用研究. 武汉: 华中农业大学.

贾文涛, 张中帆, 2005. 德国土地整理借鉴. 资源·产业, 7(2): 77-79.

姜东晖, 2009. 农用水资源需求管理理论与政策研究. 泰安: 山东农业大学.

蒋晓婧, 韩雨溪, 2014. 基于 ELES 模型的天水市城镇居民消费结构分析. 中国农学通报, 30(14): 136-140.

金晓斌, 周寅康, 李学瑞, 等, 2011. 中部土地整理区土地整理投入产出效率评价. 地理研究, 30(7): 1198-1206.

孔祥智, 史冰清, 2008. 农户参加用水者协会意愿的影响因素分析: 基于广西横县的农户调查数据. 中国农村经济(10): 22-33.

李凌, 2005. 相关利益主体的互动对参与式灌溉管理体制发育的影响: 以湖南省铁山南灌区井塘用水户协议为案例. 北京: 中国农业大学.

李艳, 陈晓宏, 张鹏飞, 2007. 突变级数法在区域生态系统健康评价中的应用. 中国人口·资源与环境, 17(3): 50-54.

李德丽, 余志刚, 郭翔宇, 2014. 用水户加入农民用水合作组织的意愿及影响因素分析: 基于黑龙江省龙凤山灌区 295 个用水户的调查. 中国农学通报, 30(14): 124-129.

李华敏, 2010. 基于顾客价值理论的旅游地选择意向形成机制研究. 地理研究, 29(7): 1335-1344.

李建强, 诸培新, 陈江龙, 2005. 土地开发整理农户行为响应机制研究. 中国人口·资源与环境, 15(4): 74-78.

李金玉, 杨钢桥, 赵微, 等, 2016. 农地整治项目建后管护模式的绩效差异及其原因分析. 资源科学, 38(9): 1711-1722.

李庆钧, 2007. 公共政策过程中公民参与的作用及其限制性因素分析. 扬州大学学报(人文社会科学版), 11(1): 93-97.

李图强, 2004. 公共行政与公民参与的关系. 北京工业大学学报(社会科学版), 4(2): 49-53.

李文静, 2013. 农地整理项目评价过程中农民参与机制研究. 武汉: 华中农业大学.

李兴江, 陈怀叶, 2008. 参与式整村推进扶贫模式扶贫绩效的实证分析: 以甘肃省徽县麻安村为例. 甘肃社会科学(6): 53-56.

李友生, 高虹, 任庆恩, 2004. 参与式灌溉管理与我国灌溉管理体制改革. 南京农业大学学报(社会科学版), 4(4): 33-38.

梁留科, 常江, 吴次芳, 2002. 德国煤矿区景观生态重建/土地复垦及对中国的启示. 经济地理, 22(6): 711-715.

梁彦庆, 黄志英, 冯忠江, 等, 2011. 基于人工神经网络的土地整理项目综合效益评价研究. 安徽农业科学, 39(8): 4799-4801.

廖蓉, 杜官印, 2004. 荷兰土地整理对我国土地整理发展的启示. 中国国土资源经济, 17(9): 25-26, 47.

刘辉, 陈思羽, 2012. 农户参与小型农田水利建设意愿影响因素的实证分析: 基于对湖南省粮食主产区475户农户的调查. 中国农村观察(2): 54-66.

刘轩, 张彩虹, 赵娥, 2009. PRA方法在林木生物质能源项目中的应用. 林业经济(3): 25-28.

刘国勇, 2011. 新疆焉耆盆地农户灌溉行为选择与农民用水组织研究. 乌鲁木齐: 新疆农业大学.

刘建生, 胡卫军, 梁晨雯, 等, 2010. 论土地整理中的公众参与. 河北农业科学, 14(2): 115-117.

鲁春阳, 文枫, 杨庆媛, 等, 2011. 基于改进TOPSIS法的城市土地利用绩效评价及障碍因子诊断: 以重庆市为例. 资源科学, 33(3): 535-541.

罗小锋, 2012. 农户参与农业基础设施建设的意愿及影响因素: 基于湖北省556户农户的调查. 中南财经政法大学学报(3): 29-34.

罗文斌, 吴次芳, 杨剑, 2010. 基于"流程逻辑"框架的土地整理项目绩效物元评价. 中国土地科学, 24(4): 55-61.

马晓春, 2006. 农民政治参与在新农村建设中的价值功能与关键点. 求索(11): 64-66.

毛璐, 汪应宏, 张建, 2008. 基于倡导性规划理论的土地利用总体规划公众参与机制研究. 国土资源科技管理, 25(4): 36-40.

孟德锋, 廉俊霞, 2016. 低收入农户参与灌溉管理行为对其农业收入影响的研究: 以江苏、河南两省为例. 江西农业学报, 28(10): 98-105.

孟德锋, 张兵, 刘文俊, 2011. 参与式灌溉管理对农业生产和收入的影响: 基于淮河流域的实证研究. 经济学(季刊), 10(3): 1061-1086.

欧阳进良, 宋春梅, 宇振荣, 等, 2004. 黄淮海平原农区不同类型农户的土地利用方式选择及其环境影响: 以河北省曲周县为例. 自然资源学报, 19(1): 1-11.

欧阳君君, 2011. 公民参与对公共利益界定的价值. 城市问题(10): 65-69.

钱圣, 2012. PPP模式下农地整理项目效率提升的机理研究. 武汉: 华中农业大学.

秦宏毅, 陈兴鹏, 2014. 公众参与水资源社会化管理探究: 以甘肃省张掖市甘州区农民参与用水户协会为例. 甘肃社会科学(3): 143-146.

邱云生, 2006. 农民工权益缺失的表现形式及成因探析. 天府新论(S2): 35-36.

史亮涛, 金杰, 江功武, 等, 2008. 金沙江干热河谷区农户参与式小流域综合管理探析: 以元谋小新村流域为例. 西南农业学报, 21(6): 1630-1633.

宋才发, 2009. 民族地区城市化过程中农民土地权益保障问题再探讨. 西南民族大学学报(人文社科版), 30(1): 40-45.

宋浩昆, 1999. 浅析参与性发展及在中国的实践. 云南地理环境研究, 11(S): 15-22.

孙柏瑛, 2005. 公民参与形式的类型及其适用性分析. 中国人民大学学报(5): 124-129.

孙一茗, 2012. 公民社会视阈下中国公民参与公共事务治理研究. 西安: 西北大学.

唐志鹏, 刘卫东, 周国梅, 等, 2009. 基于突变级数法的中国 CO_2 减排的影响要素指标体系及其评价研究. 资源科学, 31(11): 1999-2005.

唐立健, 沈其君, 邹鸣飞, 等, 2005. 农村居民合作医疗的支付能力. 第四军医大学学报, 26(23): 2195-2197.

陶玉厚, 2016. 安徽: 打造省级补充耕地指标交易市场. 中国土地(4): 53-54.

田甜, 2015. 农民参与农地整治项目的行为机理研究. 武汉: 华中农业大学.

田甜, 杨钢桥, 赵微, 等, 2014. 农民参与农地整理项目行为决策研究: 基于武汉城市圈农地整理项目的实证分析. 中国土地科学, 28(8): 49-56.

田勇, 2010. 耕地产出经济效益及其影响因素研究. 武汉: 华中农业大学.

汪文雄, 杨钢桥, 李进涛, 2010a. 农户参与农地整理项目后期管护意愿的影响因素研究. 中国土地科学, 24(3): 42-47.

汪文雄, 杨钢桥, 李进涛, 2010b. 农地整理项目后期管护效率的影响因素实证研究. 资源科学, 32(6): 1169-1176.

汪文雄, 王文玲, 朱欣, 等, 2013. 农地整理项目实施阶段农户参与程度的影响因素研究. 中国土地科学, 27(7): 62-68.

王骚, 王达梅, 2007. 地方政府土地管理模式更新: 农民参与的视角. 南开学报(哲学社会科学版)(4): 125-132.

王祥, 2011. 公民利益表达渠道研究. 南京: 南京航空航天大学.

王瑷玲, 李占军, 张建国, 等, 2008. 农民参与土地整理现状及政策建议. 中国土地科学, 22(5): 47-50.

王春福, 2006. 构建和谐社会与完善利益表达机制. 中共中央党校学报, 10(3): 19-24.

王红雨, 2010. 扶持农民用水者协会(WUA)持续发展的长效机制. 中国农村水利水电(12): 42-45.

王金霞, 邢相军, 张丽娟, 等, 2011. 灌溉管理方式的转变及其对作物用水影响的实证. 地理研究, 30(9): 1683-1692.

王克强, 王春明, 俞虹, 2011. 农田水利基础设施农户参与管理决策机制研究. 农村经济(9): 92-95.

王仁义, 2012. 加强建筑工程质量监督方法探讨. 技术与市场, 19(4): 200-201.

王文玲, 2012. 农户参与农地整理项目的影响因素研究. 武汉: 华中农业大学.

王文玲, 阚酉浔, 汪文雄, 等, 2011. 公众参与土地整理的研究综述. 华中农业大学学报(社会科学版)(3): 71-75.

王文祥, 2009. 弱势群体的利益表达机制研究. 长春: 吉林大学.

王霞丽, 2011. 西北地区农村水利基础设施的管护问题研究. 天津: 天津商业大学.

王晓军, 李新平, 2007. 参与式土地利用规划: 理论、方法与实践. 北京: 中国林业出版社.

文高辉, 杨钢桥, 李文静, 等, 2014. 基于农民视角的农地整理项目绩效评价及其障碍因子诊断: 以湖北省毛嘴等三个项目为例. 资源科学, 36(1): 26-34.

文高辉, 杨钢桥, 李文静, 等, 2015. 基于农民视角的湖北省鄂中平原类型区农地整理项目立项决策评价. 中国土地科学, 29(2): 67-73.

文高辉, 杨钢桥, 张海鑫, 等, 2016. 农地整理项目后期管护农户出资意愿影响因素研究. 华中农业大学学报(社会科学版)(1): 115-121.

吴九兴, 2012. 土地整理项目农民参与机制研究. 武汉: 华中农业大学.

吴九兴, 杨钢桥, 2013a. 农地整理项目农民参与现状及其原因分析: 基于湖北省部分县区的问卷调查. 华中农业大学学报(社会科学版)(1): 65-71.

吴九兴, 杨钢桥, 2013b. 农地整理中农民利益受损的受偿意愿及影响因素. 华南农业大学学报(社会科学版), 12(4): 49-56.

吴九兴, 杨钢桥, 2013c. 农民参与评价农地整理项目的意愿及其影响因素. 中国农业大学学报, 18(6): 198-206.

吴九兴, 杨钢桥, 2014. 农地整理项目农民参与行为的机理研究. 中国人口·资源与环境, 24(2): 102-110.

吴诗嫚, 杨钢桥, 汪文雄, 2013. 农户参与农地整理项目规划设计意愿的影响因素研究. 中国土地科学, 27(6): 66-72.

吴诗嫚, 杨钢桥, 曾艳, 等, 2014. 农地整理项目后期管护中农户出资行为研究: 基于交易效用理论的实证分析. 中国人口·资源与环境, 24(5): 131-138.

吴诗嫚, 杨钢桥, 赵微, 2015. 农地整治项目施工监督制度的交易费用研究. 南京农业大学学报(社会科学版), 15(6): 124-132.

吴诗嫚, 杨钢桥, 赵微, 2016. 农民参与对农地整治工程质量的影响研究. 华中农业大学学报(社会科学版)(6): 102-108.

吴志刚, 2012. 基本权利: 保障农民土地权益的新视角. 中国土地科学, 26(11): 9-14, 39.

徐雪林, 2004. 公众参与土地整理项目的必然. 资源·产业, 6(6): 20-22.

徐国柱, 2008. 农民参与土地整理研究: 以潍坊市土地整理实践为例. 北京: 中国农业科学院.

薛继斌, 吴次芳, 徐保根, 等, 2004. 土地整理立项决策评估的指标体系与方法探讨. 自然资源学报, 19(3): 392-400.

严立冬, 麦瑜翔, 潘志翔, 等, 2013. 农地整治项目农户满意度及影响因素分析. 资源科学, 35(6): 1143-1151.

杨阳, 周玉玺, 2015. 影响农户参与农民用水者协会的因素分析: 基于山东省38个乡镇243个农户的问卷调查. 山东农业大学学报(社会科学版), 17(2): 72-76, 126.

杨钢桥, 李岩, 马广超, 等, 2016. 农地整治过程中不同类型农户权益诉求研究: 以湖北省和湖南省部分县区为例. 华中农业大学学报(社会科学版)(2): 104-110, 138.

杨小柳, 2008. 参与式流域环境治理: 以大理洱海流域为例. 广西民族大学学报(哲学社会科学版), 30(5): 64-69.

姚望, 2009. 农民利益表达意识的缺失及矫正路径选择. 湖南农业大学学报(社会科学版), 10(10): 40-44.

叶敬忠, 刘金龙, 林志斌, 2001. 参与·组织·发展: 参与式林业的理论、研究与实践. 北京: 中国林业出版社.

叶敬忠, 刘燕丽, 王伊欢, 2005. 参与式发展规划. 北京: 社会科学文献出版社.

叶敬忠, 杨照, 王德海, 2006. 发展项目设计中的参与式社会经济评估方法: 以某造林治沙项目为例. 中国农业大学学报(社会科学版)(2): 6-11.

叶石界, 2010. 广东将推耕地指标储备与交易机制. 21世纪经济报道, 2010-01-28. .

叶艳妹, 吴次芳, 刘可清, 等, 2002. 可持续农地整理项目规划方法研究. 农业工程学报, 18(6): 186-189.

俞可平, 2008. 中国治理变迁 30 年(1978—2008). 吉林大学社会科学学报, 48(3): 5-17.

袁勇志, 2010. 公共部门绩效管理: 基于平衡计分卡的实证研究. 北京: 经济管理出版社.

袁中友, 杜继丰, 王枫, 2012. 日本土地整治经验及其对中国的启示. 国土资源情报(3): 15-19.

张兵, 孟德锋, 刘文俊, 等, 2009. 影响用水户参与式灌溉管理可持续性的因素分析: 基于苏北农户的实证研究. 江西农业学报, 21(1): 159-162.

张存, 2007. 公共选择理论视角下的公民参与. 西北农林科技大学学报(社会科学版), 7(1): 71-74.

张宁, 陆文聪, 董宏记, 等, 2006. 干旱地区农村小型水利工程参与式管理的农户行为分析. 中国农村水利水电(11): 22-24.

张大华, 2003. 社区参与天然林保护工程理论与实践研究. 南京: 南京林业大学.

张定安, 2004. 平衡计分卡与公共部门绩效管理. 中国行政管理(6): 69-74.

张海鑫, 2013. 农地整理项目后期管护资金供需研究. 武汉: 华中农业大学.

张海鑫, 杨钢桥, 文高辉, 等, 2016. 农地整理项目后期管护资金预算方法研究: 以仙桃市张沟镇高效种养基地土地整理项目为例. 农业现代化研究, 37(1): 87-95.

张建东, 王丽, 2012. 参与式方法在小流域综合治理规划中的应用探讨. 水土保持应用技术(4): 22-24.

张庆华, 李雪梅, 李鹏, 等, 2007. 灌区用水者协会的水权探讨. 中国农村水利水电(6): 29-31.

张惟英, 姚望, 2007. 当代中国利益表达机制构建研究. 科学社会主义(6): 73-77.

赵谦, 2011. 构建中国农民参与农村土地整理制度之思考. 中国土地科学, 25(7): 37-44.

赵微, 周惠, 杨钢桥, 等, 2016. 农民参与农地整理项目建后管护的意愿与行为转化研究: 以河南邓州的调查为例. 中国土地科学, 30(3): 55-62.

赵翠萍, 2012. 参与式灌溉管理的国际经验与借鉴. 世界农业(2): 18-22.

赵立娟, 2008. 从制度经济学角度看农民用水者协会的产生. 调研世界(2): 16-18.

赵晓霞, 高志婕, 2011. 和谐社会视角下完善农民利益表达机制的新理念. 农村经济(4): 120-124.

郑涛, 2012. 论我国失地农民经济利益诉求构成与回应途径: 对国家农调总队调查结果和十七省地权调查报告的一个解读视角. 北方经济(12): 2-4.

郑建中, 韩颖, 覃凯, 等, 2002. 农民合作医疗支付能力研究. 山西医科大学学报, 33(3): 222-224.

中央编译局比较政治与经济研究中心, 北京大学中国政府创新研究中心, 2009. 公共参与手册: 参与改变命运. 北京: 社会科学文献出版社.

周强, 张勇, 2008. 基于突变级数法的绿色供应链绩效评价研究. 中国人口·资源与环境, 18(5): 108-111.

周霞, 周玉玺, 2016. 影响农户参与用水者协会的因素分析: 基于山东省 37 个用水示范组织的调查. 水利发展研究, 16(10): 8-13.

周多刚, 吴春霞, 2007. 利益表达机制与和谐社会的构建. 广西社会科学(7): 13-16.

周厚智, 2012. PPP 模式下农地整理项目投资博弈研究: 以企业与政府、农村合作(集体)组织为例. 武汉: 华中农业大学.

周利平, 邓群钊, 翁贞林, 2013. 农户参与用水协会行为影响因素的实证分析: 基于 Logistic-ISM 模型. 华中科技大学学报(社会科学版), 27(5): 107-115.

朱德米, 2009. 回顾公民参与研究. 同济大学学报(社会科学版), 20(6): 89-96.

朱海英, 2014. 社区协同治理中的社会成长和实现机制探究: 基于绍兴市的调研. 云南社会主义学院学报 (4): 283-285.

AJZEN I, 1991. The theory of planned behavior, organizational behavior and human decision processes. Journal of Leisure Research, 50 (2): 179-211.

AJZEN I, 2002. Perceived behavioral control, self-efficacy, locus of control, and the theory of planned behavior. Journal of Applied Social Psychology, 32 (4): 665-683.

ANTUNES P, SANTOS R F, VIDEIRA N, 2006. Participatory decision making for sustainable development: the use of mediated modelling techniques. Land Use Policy, 23 (1): 44-52.

ARMITAGE C J, CONNER M, 2001. Efficacy of the theory of planned behavior: a meta-analytic review. British Journal of Social Psychology, 40 (4): 471-499.

ARNSTEIN S R, 1969. A ladder of citizen participation. Journal of the American Institute of Planners, 35 (4): 216-224.

BEIERLE T C, 1999. Using social goals to evaluate public participation in environmental decisions. Review of Policy Research, 16 (3/4): 75-103.

BOX R C, 1998. Citizen governance: leading American communities into the 21st century. Thousand Oaks, Calif: Sage Publications.

BUCHY M, RACE D, 2001. The twists and turns of community participation in natural resource management in Australia: what is missing. Journal of Environmental Planning and Management, 44 (3): 293-308.

CHAMBERS R, 1993. Challenging the Professions: Frontiers for Rural Development. London: Intermediate Technology Publications.

CHARNLEY S, ENGELBERT B, 2005. Evaluating public participation in environmental decision-making: EPA's superfund community involvement program. Journal of Environmental Management, 77 (3): 165-182.

CHASE L C, SCHUSLER T M, DECKER D J, 2000. Innovations in stakeholder involvement: what's the next step. Wildlife Society Bulletin, 28 (1): 208-217.

COELHO J C, PINTO P A, SILVA L M, 2001. A systems approach for the estimation of the effects of land consolidation projects (LCPs): a model and its application. Agricultural Systems, 68 (3): 179-195.

CULLEN B, 1996. Community development fund: review report. Dublin: Combat Poverty Agency.

DIJK T V, 2007. Complications for traditional land consolidation in Central Europe. Geoforum, 38 (3): 505-511.

DUNGUMARO E W, MADULU N F, 2003. Public participation in integrated water resources management: the case of tanzania. Physics and Chemistry of the Earth, 28: 1009-1014.

ECHEVERRIA J D, 2001. No success like failure: the platte river collaborative watershed planning process. William and Mary Environment Law and Policy Review, 25 (3): 559-604.

FERRARA E L, 2002. Inequality and group participation: theory and evidence from rural tanzania. Journal of Public Economics, 85 (2): 235-273.

GELDERS D, BRANS M, MAESSCHALCK J, et al., 2010. Systematic evaluation of public participation projects: analytical framework and application based on two belgian neighborhood watch projects. Government Information Quarterly, 27 (2): 134-140.

HALL D, KATKO T, MULAS A S, et al., 2007. Decision-making and participation: the watertime results. Utilities Policy, 15(2): 151-159.

KOLIS K, HIIRONEN J, RIEKKINEN K, et al., 2017. Forest land consolidation and its effect on climate. Land Use Policy, 61: 536-542.

LAWRENCE R L, DEAGEN D A, 2001. Choosing public participation methods for natural resources: a context-specific guide. Society and Natural Resources, 14(10): 857-872.

MIHARA M, 1996. Effects of agricultural land consolidation on erosion processes in semi-mountainous paddy fields of Japan. Journal of Agricultural Engineering Research, 64(3): 237-247.

MIRANDA D, MASEDA R C, ALVAREZ F, 2006. Land consolidation in inland rural galicia, NW spain, since 1950: an example of the formulation and use of questions, criteria and indicators for evaluation of rural development policies. Land Use Policy, 23(4): 511-520.

NAGAMINE H, 1986. The land readjustment techniques of Japan. Habitat international, 10(1): 51-58.

NEIDHART M W, 2005. Participation: a model of individual willingness to participate in the transportation planning process. Orlando: University of Central Florida.

NELSON N, WRIGHT S, 1995. Power and Participatory Development: Theory and Practice. London: Intermedicate Technology Publications.

NYLEN W R, 2002. Testing the empowerment thesis: the participation budget in belo horizonte and betim, brazil. Comparative Politics, 34(2): 127-145.

OAKLEY P, 1991. Projects with people: the practice of participation in rural development. Geneva: ILO.

OECD, 2001. Citizens as partners: OECD handbook on information, consultation and public participation in policy-making. Paris: OECD.

OLDFIELD A, 1990. Citizenship and Community: Civic Republication and the Mordern World. London: Routledge.

PERKINS P E, 2011. Public participation in watershed management: international practices for inclusiveness. Physics and Chemistry of the Earth, 36(5/6): 204-212.

RIVIS A, SHEERAN P, 2003. Descriptive norms as an additional predictor in the theory of planned behaviour: a meta-analysis. Current Psychology, 22(3): 218-233.

SHAN C, YAI T, 2011. Public involvement requirements for infrastructure planning in China. Habitat International, 35(1): 158-166.

SIKOR T, MÜLLER D, STAHL J, 2009. Land fragmentation and cropland abandonment in albania: implications for the roles of state and community in post-socialist land consolidation. World Development, 37(8): 1411-1423

SORENSEN A, 1999. Land readjustment, urban planning and urban sprawl in the Tokyo metropolitan area. Urban Studies, 36(13): 2333-2360.

STIVERS C, 1990. The public agency as polis: active citizenship in the administrative state. Administration and Society, 22(1): 86-105.

TAN R, BECKMANN V, BERG L V D, et al., 2009. Governing farmland conversion: comparing China with the Netherlands and Germany. Land Use Policy, 26(4): 961-974.

TANG B, WONG S W, LAU M C, et al., 2008. Social impact assessment and public participation in China: a case study of land requisition in Guangzhou. Environmental Impact Assessment Review, 28 (1): 57-72.

THE WORLD BANK, 1996. World Bank Participation Sourcebook. Washington D C: The World Bank.

THAPA G B, NIROULA G S, 2008. Alternative options of land consolidation in the mountains of Nepal: an analysis based on stakeholders' opinions. Land Use Policy, 25 (3): 338-350.

THOMAS J C, 1995. Pulic participation in public decisions: new skills and strategies for public managers. New York: Jossey-Bass Public Administration.

VERBA S, SCHLOZMAN K L, BRADY H E, 1995. Voice and Equality: Civic Voluntarism in American Politics. Massachusetts: Harvard University Press.

VERMILLION D L, 1997. Impacts of irrigation management transfer: a review of the evidence. Research report 11. Colombo, Sri Lanka: International Irrigation Management Institute.

WILCOX D, 1994. The guide to effective participation. Brighton: Delta Press.

YERCAN M, 2003. Management turning-over and participatory management of irrigation schemes: a case study of the Gediz River basin in Turkey. Agricultural Water Management, 62: 205-214.